單車輕旅

自由自在的一日小旅行

MOOK

編輯室報告

時速15公里的風景線

說走就走，想停就停，比步行更有效率，又不會因車速太快錯失風景，就讓單車的機動性帶領我們深入寶島的每個角落——

騎進台灣各區特色小鎮，讓雙輪輕輕劃過蜿蜒巷弄，在充滿時光韻味的紅磚牆下品味人情溫暖，大啖傳承好幾代的古早味美食；沿著先民開墾的圳道，欣賞綿延至天邊的金黃稻田；追尋歷史痕跡，在百年寺廟前遙想當年…

繞行祕藏最美自行車道，遊走山邊水岸，感受微風輕拂的清爽暢快，慢騎在湖畔邊、海岸旁，傍山傍水而行，以沿途綠意滋潤受都市煩憂而乾澀的雙目，時不時停駐在枝葉繁茂蔭天的樹下，呼吸純淨空氣…

探巡我們最熟悉的城市風景，轉動把手鑽入那些平時沒有時間好好觀察的轉角，在鋼鐵叢林裡發現特色小店，找一間不曾駐留的咖啡廳，慢享一個下午的悠閒，或給自己買張城市美術館的票，讓藝術浸染身心…

跨上椅墊，踩踏雙輪，在眼前展開的是時速15公里的自由自在。

旅行台灣最舒適的方式非單車莫屬。

地區索引

北部

中部

南部

東部

目錄

part

1

08

小鎮漫騎，巷弄裡的在地日常

part

2

106

水岸追風，山海河的相遇

part
3

184
城市探索，熟悉與陌生的縫隙

○新北猴硐、鶯歌、三峽

○桃園大溪

○苗栗竹南、頭份

○南投中興新村、集集

○彰化鹿港、田尾

○雲林虎尾

○台南後壁白河

○屏東潮州

○宜蘭羅東

○花蓮玉里、瑞穗

○台東池上

part

1 小鎮漫騎，巷弄裡的在地日常

穿梭巷弄，邂逅在地人情、美味、風土與文化，昔日痕跡隱匿在紅磚上，新生轉變張揚地點亮老屋，小鎮的日常與非日常都是旅人追尋的風景。

小鎮漫騎，巷弄裡的在地日常

01

新北**猴硐**｜瑞猴自行車道

穿梭隧道找貓咪

沿著基隆河上游騎行，光影交錯的舊鐵路隧道是腳踏車時光機，引領旅人回到山城的黑金歲月，與可愛貓咪共度萌萌的悠閒下午。

text 蒙金蘭 **photo** 何忠誠

【關於猴硐】

原為瑞三礦業舊址，以煤礦為主題的博物館，當時猴硐礦區的產量佔全台七分之一，加上大量勞工進駐儼然成為礦業聚落，因此帶動地方發展；隨著八〇年經濟起飛使得煤礦業逐漸步入尾聲，由於環保意識抬頭、礦災頻傳加上進口低廉的煤價衝擊，十年間瑞三礦區劃下休止符。曾經輝煌的礦業，停止開採後人口大量外移、沒落以致遺址荒廢，緊隨著九份、平溪天燈的高人氣，礦業子弟為感念先賢的付出才有現今富裕的台灣社會，甘願冒著投資的風險打造礦業園區，從周遭環境整理、增設體驗設備、煤車復駛到複合式經營，現在已是一處有吃、有玩、有文化的知性之旅，歡迎來體驗！

Start!

瑞芳火車站借車 —〈單車7分〉— ① 米詩堤甜點王國 —〈單車5分〉— ② 瑞芳運動公園 —〈單車3分〉— ③ 瑞猴自行車道

—〈單車10分〉— ④ 猴硐車站還車 —〈步行1分〉— ⑤ 猴硐煤礦博物園區 —〈步行3分〉— ⑥ 瑞三運煤橋

—〈步行4分〉— ⑦ 猴硐神社 —〈步行4分〉— ⑧ 貓咪資訊站 —〈步行1分〉— 終點：猴硐車站

簡約黑色店面。

黃金泡芙是米詩堤最早的成名作。

Start!

瑞芳火車站

到附近的YouBike站點借車吧！

1

新北猴硐

米詩堤甜點王國

台法合璧誘人甜點

從瑞芳車站順著明燈路往猴硐方向，左手邊出現一幢藍白風格的三層樓房，這是當地相當知名的甜品店，最早的成名作就是黃金泡芙，以在地盛產的地瓜為內餡，包裹在法式的泡芙裡，冰過的綿密口感頗有冰淇淋的誘惑力，碩大的個頭更是令人食指大動、心滿意足。

「米詩堤」是取英文「Misty」的諧音，點出了瑞芳經常「濕」情畫意的地緣特色，繼地瓜之後，又陸續推出芋頭、抹茶、生乳、巧克力等內餡的泡芙，以及利用當季盛產水果所製作的各式糕點，每種都引人食指大動。

藍白風格的三層樓房建築。

Info

add 新北市瑞芳區明燈路一段6-1號
tel 02-2456-0885
time 每日09:30~18:00
FB 米詩堤甜點王國

2

新北猴硐

瑞芳運動公園

大人小孩各有所愛的遊戲運動園地

以攀爬網取代樓梯的山丘溜滑梯。

去年6月剛正式啟用的瑞芳運動公園，是新北市第一座順應自然地形、把原有山林地景融入其中的大型共融式公園，從遠處就可望見一座戶外籃球場，以及兩道長長的森林溜滑梯，滑梯底下是色彩繽紛的親子遊戲區，包括以攀爬網取代樓梯的山丘溜滑梯、多功能攀爬組、自己有動力加速度的多人旋轉盤、沙坑、鞦韆、多種個人運動器械等，設施相當豐富。

瑞芳運動公園的所在位置，已屬住家不多的郊區，森林溜滑梯後側藏著一條健身步道，公園前方的湖泊其實是滯洪池，具有調節一旁基隆河水位的功能。

【TIPS】
從瑞芳車站騎往瑞芳運動公園這一路沿途經常有基隆河相伴，跨河而過的幾座橋樑風景都相當的優美，也是非常愜意的隱藏版單車路線。

公園設施相當豐富。

把原有地景融入的大型共融式公園。

Info

place 新北市員山子路及蛇子形路交叉路口（詳見P.10地圖）

3

新北猴硐

瑞猴自行車道

與普悠瑪同行穿越舊隧道之旅

感受火車從身旁呼嘯而過的美景。

總長共6公里的車道。

全程皆有綠意相伴。

這條自行車道會經過三個舊隧道。

顧名思義，就是連繫瑞芳和猴硐兩地的自行車專用道，經過瑞芳運動公園不久，就可以找到進入昔日舊鐵道的途徑，一開始的路段，幾乎和現有的鐵道平行，可以停下來感受火車從身旁呼嘯而過的震撼；更往裡走，就是接二連三的隧道，全長共6公里，騎起來悠閒自在。

曾經因為豪雨不斷，而造成邊坡坍方，連帶影響到自行車道無法全線通車，目前已於二〇二一年2月底之後再度通車，然而騎行時還是需要注意安全。

聯繫瑞芳和猴硐之間的自行車專用道。

Info

place 新北市瑞芳區蛇子形路到侯硐柴寮路路段

4

新北猴硐

猴硐車站

巧搭貓橋溝通貓村

到這裡還車！

猴硐車站當年是平溪線火車的基地，車站還與基隆炭礦的煤場有數條鐵道相接，把猴硐出產的煤礦運往全國各地。這座車站的格局和其他火車站不太一樣，售票口、候車室、剪票口等都設在二樓，相當罕見。站旁有一條「貓橋」，是通往貓村的重要通道，橋作成隧道的模樣，呼應這附近鐵路多隧道的印象；橋內有貓足跡、照片、插畫，甚至貓專屬的通道和跳台；就連橋的外觀都很像貓背修長的身影，處處巧思令人讚嘆。

猴硐車站的格局與一般車站不太一樣。

通往猴硐貓村的貓橋。

貓橋做成了隧道的樣子。

【TIPS】
猴硐車站有 YouBike 站點，可以選擇在這裡還車，再以漫步方式走逛周邊景點。

Info

add 新北市瑞芳區光復里柴寮路70號

5

新北猴硐

猴硐煤礦博物園區

可愛貓咪代言早期礦業生活

猴硐火車站對面右手邊這幢持續整建中的建築物，曾經是全台灣最先進的選煤廠房，猴硐各礦坑所挖出來的煤礦，都先運到瑞三整煤廠來水洗、篩選。如今，以它為核心的這片園區，已經規劃成以煤礦為主題的博物館，介紹早期的礦業生活型態。

昔日選煤場的倉庫，現在叫做願景館，內部以文字和影像呈現猴硐的歷史；旁邊的辦公室，現在則作為旅遊資訊中心。園區裡到處有機會看到貓咪的蹤跡，就連礦工採礦的造型雕塑，也利用貓的形象顯得可愛又親切。

持續整建中的建物呈現廢墟美感。

以文字及影像呈現猴硐的發展歷史。

Info

add 新北市瑞芳區猴硐柴寮路42號

tel 02-2497-4143

time 每日08:00~18:00，除夕僅開放08:00~12:00。

瑞三運煤橋橫跨了基隆河。

6

新北猴硐

瑞三運煤橋

再現往昔黑金路

橫越基隆河的瑞三運煤橋，也屬於整煤廠的一部份，原是一九二〇年宜蘭線鐵路通車至猴硐時，負責將礦坑的原煤送到選炭機篩選、再交由火車站運出銷售所建的三層鐵橋，一九六五年順應實際需求才改為圓弧拱橋。橋上至今仍保留軌道與台車，嘗試呈現當年運煤的景象；而橋身則刻意改用透明玻璃，讓遊客可以盡情欣賞橋下的風光。

橋上至今仍留有軌道與台車。

Info

add 新北市瑞芳區猴硐柴寮路42號（願景館）靠基隆河側

7

新北猴硐

猴硐神社鳥居

通往神域的連結

在前往神社之前要先爬一百階。

尋覓猴硐神社之前，先來到猴硐路上的一百階。一百階原是附近住戶以石頭砌成通往山上的階梯，因為剛好一百階而得名，經過多次整修，現在已成水泥階梯。走上一百階，右轉再行約四、五十公尺就能見到通往猴硐神社的鳥居。鳥居建於一九三四年是瑞三礦業公司捐贈。穿過鳥居，沿著參道來到神社，其實只剩一座涼亭，雖然神社早已不在，卻可以在這鳥瞰整個猴硐。

猴硐神社前的鳥居。

Info

place 新北市瑞芳區侯硐路（詳見P.10地圖）

8

新北猴硐

貓咪資訊站

小小貓咪衛生所

位於貓村裡的貓咪資訊站，本來是為了宣導正確的餵養貓咪保育觀念而設，後來村裡一旦有狀況欠佳的貓咪，都會送到這裡來照顧、調養，有點像是貓的衛生所。灰黑色的外牆上，畫著可愛的貓咪圖案，為宣導正確餵養貓咪的保育觀念，猴硐貓村裡有間「貓咪資訊站」，外牆有插畫家設計的Q版貓咪插圖壁畫，外牆及內部空間設有貓道、跳板，讓貓咪可自由進出與遊戲；戶外的洗手台與貓咪流水台，則能讓遊客近距離觀察貓咪，從中瞭解他們的習性。

貓咪資訊站也有收容貓咪。

Info

add 新北市瑞芳區光復里柴寮路343號

tel 02-2406-1059

time 08:30~17:30

因貓村崛起的猴硐遊客絡繹不絕。

貓走廊上時常可以看見貓咪在曬太陽。

隨處可見可愛的貓咪插畫。

從貓咪資訊站往上爬可以到貓走廊。

位在貓村的咖啡廳「MEOW MEOW喵喵」。

繪有貓插畫的貓咪資訊站外觀。

小鎮漫騎，巷弄裡的在地日常

02

新北鶯歌→三峽

尋覓鶯歌三峽人文情調

沿著河濱自行車道暢快騎行，前進鶯歌沾染寧靜美好的陶藝餘韻。
或者再順道拜訪三峽吧，享受舊日歲月的美麗午後。

text & photo MOOK

【關於鶯歌三峽】

雙北河濱自行車道有著秀麗宜人的景致，且地形平坦，跨越多個行政區，能造訪不同風景，是相當友善的自行車道。這次我們選 擇從位在新北市樹林的山佳火車站出發，來到大漢溪自行車道，往鶯歌方向前進。鶯歌和緩的陶藝氣息讓人忍不住慢下來散散步，細細欣賞韻味無限的陶瓷器具，或是尋到市區的手沖咖啡館，以咖啡香暫時偽裝成文藝青年。

午後，不妨跨越大漢溪造訪三峽老街吧。老街上的紅磚街屋建築美麗迷人，再來點招牌的金牛角麵包就更對味了。轉個彎來到禾乃川國產豆製所，在老房子裡享用天然純粹的豆腐冰，還有什麼比這更讓人滿足！

Start!

山佳火車站 借YouBike —〈單車5分〉— ① 大漢溪河濱自行車道 —〈單車15分〉— ② 三鶯之心空間藝術特區 —〈單車5分〉—

鶯歌老街停車場 還YouBike —〈步行3分〉— ③ 燧人炊事 —〈步行8分〉— ④ Q咖啡工作室 南雅路借YouBike —〈單車5分〉—

鶯歌火車站 —〈再轉乘巴士前往三峽〉— ⑤ 三峽老街 —〈步行2分〉— ⑥ 禾乃川國產豆製所

別具風味的木窗框。

登錄為新北市定古蹟的山佳火車站舊站。

Start!

新北
鶯歌→三峽

山佳火車站

洋溢往日歲月的日式舊站房

步出山佳火車站，隔壁便是登錄為新北市定古蹟的舊站。山佳站於一九〇一年開站，一九二八年重修，現在看到的便是重修後的第二代站體，以磚牆、木架、鋼筋混凝土楣樑建成，外牆是粗粒洗石子，糅合和洋風情的日式車站一直服役到二〇一一年，才由跨站式新站房取代，舊站房也因此關閉整修，至二〇一七年重新開放參觀。舊站房的木窗框、長條木椅風味別具，還有歷代火車票和車掌大盤帽可以拍照打卡，不論是不是鐵道迷，都會愛上這處洋溢著往日歲月的空間。

舊站還展示了歷代火車票。

到附近的
YouBike站點
借車吧！

Info

add 新北市樹林區中山路三段108號

time 舊站開放時間10:00~17:00

1

新北
鶯歌→三峽

大漢溪河濱自行車道

大漢溪的單車綠野

大漢溪河濱自行車道路況平緩好騎。

大漢溪自行車道左岸連接新北市的新莊、樹林、鶯歌，往鶯歌方向單車騎行，左手邊是潺潺溪水，能遇見生態公園、荷花池，還有小棒球場，右手邊則偶有鐵道列車劃過，路上不時與單車車友交錯而過，讓旅途更添暢快。也因為路途平坦好騎，速度不自覺加快不少，正開始感覺有點疲累時，便見到美麗的三鶯龍窯橋，而三鶯之心空間藝術特區就在不遠處，正好可以在這裡暫停休息，與藝術造景拍下一堆創意美照。

路上不時與單車車友交錯而過。

左手邊有潺潺溪水，右手邊則有鐵道列車。

2

新北
鶯歌→三峽

三鶯之心空間藝術特區

誤入巨人的陶瓷世界

鋼構桁架設計的三鶯龍窯橋。

紅土色陶罐裝置藝術。

橋長85公尺的三鶯龍窯橋，鋼構桁架的設計使橋樑顯得十分輕巧，橋身猶如溪上祥龍蜿蜒進綠林裡，橋體內則以木條木雕訴說著鶯歌的故事。晚上橋身打上燈光，又是另一番燦爛風貌。

而鄰近的河岸邊綠色草地上，最吸睛的要屬那15公尺高的粉紅手拉坯，螺旋盤桓向上，就像是巨人未完成的作品；散落草地上的巨大咖啡杯盤和湯匙，有著細緻美麗的馬賽克花樣，則猶如巨人遺落的拍攝道具。

如若有心，在這裡可以實驗各種拍攝風格，展現與眾不同的創意效果，然而園內空曠無遮蔽物，可得小心防曬。

巨大的手拉坯造景也是必拍景點之一。

Info

place 新北市鶯歌區館前路（詳見P.16地圖）

3

新北
鶯歌→三峽

燧人炊事

美好的窯烤手工披薩

離開河濱自行車道，循著指標來到鶯歌老街。漫步老街，林立著的陶瓷餐具專賣店讓人逛到忘了時間，直到感覺肚子餓了，才發現已到用餐時刻。找到位在二樓的燧人炊事，立刻就喜歡這裡。傳說是燧人氏後才知用火，而火為我們燒製出美麗的陶瓷杯盤，也為我們烘焙出美味的麵包和披薩，因此來到這裡，當然得享用窯烤手工披薩！單看那形狀不規則、燒烤部位不均勻的披薩餅皮，就知道入口滿是手感溫度的美味，剝皮辣椒醃豬五花、京都抹茶白玉、炭焙桂圓核桃洋梨是這裡獨家的人氣滋味。除了披薩之外，義大利麵、燉飯、排餐等等也非常受旅人歡迎。

在鶯歌老街用餐，當然不可忽略餐點所使用的器具，燧人炊事是知名陶瓷老牌宜龍開設，餐具皆為宜龍所製，一樓即為宜龍門市，有茶器餐具等美麗的生活道具可以選購。地下一樓則同樣是宜龍的「喝茶天」，有茶點品飲，也有傳統東方餐點可以享用。

鶯歌老街的紅磚建築。

剝皮辣椒醃豬五花口味。

Info

add 新北市鶯歌區重慶街62-1號2樓
tel 02-2679-6719
time 10:00~18:00
web www.catchingfire.com.tw

4

新北
鶯歌→三峽

Q咖啡工作室

日常咖啡的非日常

離開老街回到市區街上，發現這處隱匿街角的咖啡小舖。店內空間不大，只有幾個吧檯座位，但正好得以欣賞咖啡師的華麗演出。日常菜單上的榛果拿鐵、玫瑰拿鐵、焦糖拿鐵、紅蜜拿鐵：似乎每天都能隨心情變換口味，若是想品飲咖啡純粹的美好，也有手沖咖啡可以選擇，且以專業度和美味度來說，價格十分親民，透露出這裡的精神：「平常日子裡的精品咖啡。」

若是想來點非日常，也有期間限定的特調可以選擇。例如「芒一夏」，香濃的芒果冰淇淋再疊上一層自製芒果雪酪，搭配豆蔻、白葡萄、杏桃還有蕃茄果干，這樣或許就只是普通好吃的甜點，但再搭配獨家的小日子配方濃縮咖啡，更豐富了整體層次，中焙濃度單獨品嚐有著專屬大人淡淡的苦，也可以待冰淇淋融進濃縮咖啡後再來品飲，甜蜜的咖啡香同樣迷人。

到這裡還車！

店內空間不大，只有幾個吧檯座位。

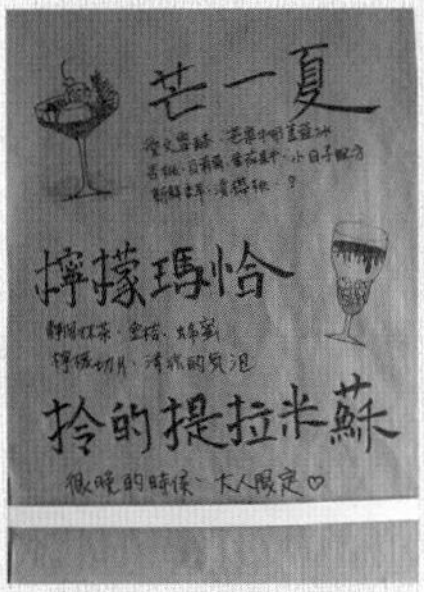

手寫菜單搭配趣味簡介。

【TIPS】
在 Q 咖啡工作室對面就有 YouBike 可以租借，前往三峽老街騎行不到20分鐘即可抵達。然而通過大漢溪的三鶯大橋近期正在整修（預計2023年完工），必須與機車、汽車共用車道，單車騎行其間較危險，因此建議轉往鶯歌火車站，搭乘巴士前往三峽。

Info

add 新北市鶯歌區南雅路493號
tel 02-8677-7838
time 週一至週四09:00～20:00，週五至週日10:00～20:00。
price 手沖咖啡NT$100，冷萃咖啡NT$120。
web www.qcoffeestudio.com
FB Q咖啡工作室 Q COFFEE STUDIO

店外擺了幾張藤椅供等候休息。

隱身在街角的咖啡小舖。

5

新北
鶯歌→三峽

三峽老街

風采依舊的繁華老街

三峽老街一般指的是民權街南段，那段長約兩百公尺的紅磚街屋，巴洛克式立面牌樓，訴說著往日那段繁榮歲月。金牛角麵包是來到這裡一定要帶回家的伴手禮，現在也發展出菠蘿、奶酥、紅豆等口味，甚至還有創意的金牛角冰淇淋。也別忘了到河畔的清水祖師廟參拜，佔地五百多坪的美麗廟宇，藝術成就極高，值得細細品味。

長約兩公尺的紅磚街屋。

巴洛克式立面牌樓。

河畔旁的清水祖師廟。

剛出爐的金牛角麵包。

Info

place 新北市三峽區民權街南段一帶（詳見P.16地圖）

兩層樓高的舊校舍建築。

豆漿製成的霜淇淋是人氣產品。

Info

add 新北市三峽區民權街84巷12-1號（三峽老街派出所旁）

tel 02-2671-7090

time 週一至週五09:00~18:00，週六、日09:00~19:00。

web www.thecan.com.tw（甘樂文創）

FB 禾乃川國產豆製所

甘樂文創的合習聚落。

進駐合習聚落的三藝金工。

現代簡約的V字型黑鐵裝飾。

6

新北
鶯歌→三峽

大啖美味安心的豆腐冰

禾乃川國產豆製所

三峽老街附近這幢兩層樓高的舊校舍建築，牆上乳黃色的可愛招牌，和門口簡約現代的V字黑鐵裝飾，吸引人入內一觀。步入屋內，最先見到的就是透明玻璃落地窗內的小型豆製品工廠，讓每個人都能看到最純粹的製作過程。禾乃川與在地小農契作，以友善土地的無毒農法耕作，百分之百使用台灣國產黃豆，且盈餘還會回饋三峽，每一個用心的細節，都能夠讓人感受到禾乃川的溫度。

正如同禾乃川的前身愛鄰醫院一樣，愛鄰醫院陪伴三峽人度過七〇個年頭，陽光灑進商店空間的白色木窗框，讓人不忘這段暖心過往。店內售有醬油、味噌、豆漿、豆腐等產品，而日頭赤炎炎的日子，當然還是豆腐冰品最受歡迎。嚐起來就像布丁般滑嫩的豆腐，濃濃的豆香帶來輕盈而豐富的美妙口感，加上蜜黃豆與蜜黑豆刨冰，讓人大大滿足。豆漿雙淇淋更是大人氣產品，每日供應純濃黑豆漿及味噌豆漿雙淇淋兩種口味，假日則不時供應蜜香紅茶、高鈣芝麻、杏仁等口味的雙淇淋。

這裡還有一處祕密花園——第二進的合習聚落，由甘樂文創成立，有木雕工作室、皮革工坊、金工坊、花藝坊、釀酵坊等，作為職人與社區青少年的學習聚落，與在地串起更深的連結。

小鎮漫騎，巷弄裡的在地日常

03

桃園大溪｜大漢溪左岸自行車道

巧遇巷弄裡的迷人驚喜

提起「桃園大溪」，是否只會浮現豆干的印象呢？這次透過日式木造房屋改建的博物館，或是窩藏在巷弄中的老宅咖啡館，體驗老街截然不同的生命力。

text & photo 黃雨柔

【關於桃園大溪】

位在桃園的「大溪」因臨近大漢溪而成為該地最早發展的區域，從老街多棟連結的巴洛克風格街屋即能窺探當年的繁華興盛。前往大溪的交通方式除了自駕前往，這次利用台鐵與桃園客運接駁，抵達當地可選擇用徒步或單車開始探尋百年老街的一日行程。

從老街小吃巡禮開　旅程、再到能欣賞美麗大漢溪的新開餐廳，拍美照打卡之餘還能品嚐美食、接著遊逛由日式宿舍及歷史建築物改建而成的多棟博物館，一窺大溪往日風華、可以步行或借台 Youbike 穿越大溪橋，悠閒地騎乘在自行車道欣賞黃昏河岸，最後找間隱身於老街的咖啡館，或是來到大溪必吃的百年豆干老店，吃飽喝足後開心賦歸。

Start!

桃園火車站 —〈步行5分〉— 桃園客運總站 轉乘客運5096 —〈車程約1小時〉— 1 大溪和平老街 —〈步行5分〉—

2 JoinHouse大溪x好室 —〈步行5分〉— 3 大溪木藝生態博物館 —〈步行5分〉— Youbike 大溪中正公園站 借車

—〈單車10分〉— 4 大溪橋 —〈單車5分〉— 5 大漢溪左岸自行車道 —〈單車15分〉— Youbike 大溪中正公園站 還車

—〈步行8分〉— 6 新南老街 —〈步行3分〉— 7 老阿伯現滷豆干

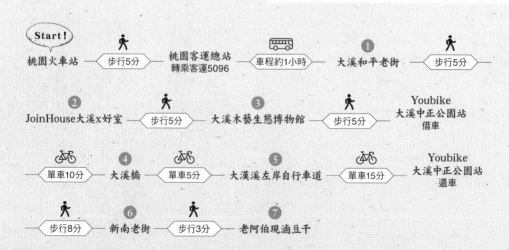

巴洛克式連棟街屋是大溪老街標誌性的特色。

Info

add 桃園市大溪區和平路

time 店家營業時間約11:00~19:00

Start!

桃園火車站

到桃園客運總站轉乘客運！

1 桃園大溪

巴洛克風街屋融合小吃店

大溪和平老街

傍著大漢溪的大溪和平老街，從沿途上的巴洛克融合閩南建築的連棟街屋，即能感受到久遠時代此處的繁華景象，入住歷史建築裡的店家除了來到大溪必買的「黃大目」、「廖心蘭」或「黃日香」等老牌豆干店，不能錯過的還有古早味小吃的「里長嬤碗粿」、大溪必買伴手禮「大溪拿破崙派」或「蔡記花生糖」、近來成為人氣打卡甜點「正豐米麩」由米麩製作成的爆米香霜淇淋。吃喝買外，坐落於老街中段，從金飾銀樓改建為咖啡館的「老成利咖啡」，用文創及生活美學活化老街氛圍。

歲月感十足的騎樓。

里長嬤碗粿。

廖心蘭老牌豆干店。

2 桃園大溪

隱藏迷宮巷外的祕境咖啡館

JoinHouse大溪×好室

從老街一路遊走到迷宮巷，出了巷弄偶遇一間甫在7月開幕的咖啡廳「JoinHouse 大溪×好室」，其店名取自「好事」諧音，有著「來好室即有好事發生」的意涵。廣闊的店內使用輕工業風裝潢融入大量木頭元素，營造出舒適的休息空間，最引人注目的是店家特意打造的大片玻璃窗，透過窗戶能將武嶺橋及大漢溪美景盡收眼底。店內提供自家烘焙咖啡、手工甜點及輕食，像是手沖咖啡、熱壓吐司三明治或是每日現作的焦糖蜜布丁都是來店必點菜單。

Info

add 桃園市大溪區普濟路51號

tel 03-388-4681

time 11:00~19:00，週一公休。

FB 大溪x好室 Join House 好室咖啡

眺望窗外的武嶺橋及大漢溪美景。

工業風吧檯。

熱門輕食選擇的熱壓吐司。

坐在沙發上，享受縈繞咖啡香的休憩時間。

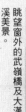

3

桃園大溪

大溪木藝生態博物館

漫步歷史建築遇見古城風華

壹號館展示文物。

壹號館迷你模型。

以日式宿舍改建的「壹號館」。

Info

add 桃園市大溪區中正路68號（壹號館）

tel 03-388-8600

time 09:30~17:00，週一公休。

離開咖啡館，沿路行經的普濟堂和中正公園，都是能俯瞰大溪溪河畔美景的絕佳地點，位在普濟路及中正路交叉口的「壹號館」即是大溪木藝生態博物館的第一站。博物館開館於二〇一五年，使用多棟歷史建築改建而成的場館，分有壹號館、武德殿、四連棟、藝師館、大溪公會堂（木家具館及木生活館）、工藝交流館、李騰芳古宅等，壹號館為木博館的第一棟公有館，在此可以先初步瞭解大溪的發展歷史，而在各館內可以看見大溪自清代因河運發達及擁有豐沛山林資源，而發展繁榮的百年木工藝歷史及生活樣貌。

與蔣公行館毗鄰的武德殿。

藝師館以木職人為主題定期換展。

大溪公會堂。

四連棟為大溪百年警政宿舍群之一部份。

四連棟內展示文物。

白色柱體設計為大溪橋增添一絲古典風格。

4

桃園大溪

大溪橋

黃昏及入夜皆有不同華麗風貌

大溪橋可說是大溪老街的象徵之一，使用同老街的巴洛克風格建築大橋，橋的兩端連結著瑞安路及大溪老街，並串連了橋下的大漢溪左岸自行車道，提供行人散步及單車使用。橋上的開闊視野更是令人驚豔，此處能遠眺石門水庫和淡水觀音山景色，傍晚時分的夕陽美景令人迷醉，夜色降臨大橋的纜索上演著華麗燈光秀，作為大溪古時重要河運用途的大漢溪所乘載著不同的歷史故事，將由這座大溪橋繼續沿續下去。

Info

add 桃園市大溪區瑞安路一段273號

橋上視野開闊。

與老街同樣為巴洛克式的建築。

5

桃園大溪

大漢溪左岸自行車道

心曠神怡的河岸祕境

騎在大漢溪自行車道左岸，欣賞精心照顧的美麗植栽。

位在大溪橋下方的大漢溪左岸自行車道隸屬於新北市的大漢溪自行車道分支，其分為左、右岸兩條，右岸以板橋華江大橋為起點、土城為終點；左岸則可一路自新莊、樹林至鶯歌的綠色溪畔車道連接至大溪橋，雖然需要一點腳力才能完成，但沿途建有多座河濱公園及美景，而成為單車族最佳騎乘路線的選擇。

來到大溪橋下的左岸自行車道，周邊可行經大嵙崁人工溼地、擁有廣闊佔地的大溪河濱公園，還能看到最美的秋季落羽松林。

【TIPS】
如果騎 Youbike 來到大溪河濱公園，回程可以選擇將自行車停在 Youbike 大溪河濱公園站，再散步回到大溪橋，或是沿著武嶺橋方向騎回大溪老街。

大溪河濱公園知名造景。

Info

add 桃園市大溪區大鶯路60巷89弄75號（大溪河濱公園）

6

桃園大溪

新南老街

新興街道的人文美學

來到大溪不要只逛和平老街，一旁的中山路新南老街，與前者更是截然不同的氣氛。比起和平老街的商業氣息，自清末至日治時期就是政經、文教聚集地的「新南老街」更顯清幽與靜謐，沿途的文創小店、老街詢問處等皆散發著文化美學氣息，也有許多老宅改建而成的咖啡館隱身其中，等待旅人發現。

Info

place 桃園市大溪區中山路（詳見P.22地圖）

新南老街上的老屋情報館。

布簾上印有老街發展至今的歷史故事。

充滿文教氣息的老街。

7

桃園大溪

老阿伯現滷豆干

來大溪不能不吃的美味豆干老店

看網路、滑IG、聽路人聊天，說到大溪絕不能錯過這間老牌豆干老店！已傳承至第二代的五十年老店「老阿伯現滷豆干」，坐落於登龍路與中正路交叉路口，就算是平日造訪現場也有源源不絕的來客，其原因不需懷疑，絕對是為了當天現煮的滷味而來。

老阿伯現滷豆干最早是初代老闆帶著家人四處叫賣，後來則在榕樹下擺攤，是直到傳承到二代時才有了現今的店面。菜單簡單的分為招牌（含豆干、素雞、素腸、素肚及百頁(豆腐)），黃金蛋及海帶需另外加點，或是可以選擇全套（以上菜色全含），如是吃素的旅人可先告知店家，老闆會貼心的另外製作與包裝。滷成深色的豆干等菜色口味意外的不太鹹膩，口感Q彈散發著微微的中藥香氣，最老饕的吃法是沾點店家特製辣醬，更是增添其美味。

除了現點現用的滷味套餐，店家也提供外帶滷味，買一包帶回家，不管是留給自己吃還是當作伴手禮都非常合適。帶回去冷藏大約可以保存二到三天。

Info

add 桃園市大溪區中正路37號
tel 03-388-3422
time 週一至週五09:00~19:00，週六、日08:30~19:00，詳細營業時間可上店家粉絲專頁查詢。
FB 大溪老街-老阿伯現滷豆干

鍋中滷至入味的豆干。

攤位前的座位也坐了不少人，除了外帶回去當伴手禮外，也很推薦現場享用。

小鎮漫騎，巷弄裡的在地日常

04

苗栗竹南→頭份

穿梭雙子城的傳統與現代

借重鐵路加鐵馬，就能暢遊竹南加頭份，包括充滿現代活力的藝文中心、運動公園、觀光工廠、個性咖啡廳，到洋溢時代魅力的三合院古厝群、黃昏市場等，都教人流連忘返、回味無窮。

text 蒙金蘭 **photo** 何忠誠

【關於竹南頭份】

竹南素來不算熱門的觀光勝地，有些人可能連它究竟屬於新竹或是苗栗都搞不太清楚。竹南位在新竹縣以南，也就是苗栗縣最北端的一個鎮，因為境內有新竹科學園區的竹南園區，吸引了大量的外移人口，是苗栗縣很難得的人口正成長行政區，人口密度甚至高過苗栗市。

以火車站為核心的熱鬧區域，相當靠近頭份市：西站前屬於竹南鎮中心，而從東站出來不久即進入頭份市，因此被視為雙子城，這一帶有寬敞的大道、活力十足的傳統市場、趣味盎然的古厝群，加上現代潮流的藝文中心、運動公園、咖啡廳等，藉著便利的 YouBike 租借系統，輕鬆就能暢遊竹南與頭份兩地。

Start!

竹南火車站 借YouBike — 單車5分 — ① 苗北藝文中心 — 單車10分 — ② 蘆竹湳古厝 — 單車10分 —

③ 四方鮮乳酪故事館 — 單車3分 — ④ 獅山多功能運動公園 — 單車10分 — ⑤ 屋咖人VugKaNgin

— 單車15分 — ⑥ 頭份黃昏市場 — 單車10分 — 竹南火車站（東站）還車

Start！

竹南火車站

到附近的YouBike站點借車吧！

藝廊不定期展出各式藝術品展。

現代化的建築營造山水意境。

1

苗栗 竹南→頭份

苗北藝文中心

引領潮流的文化休閒據點

大約10年前開幕的苗北藝文中心，是苗栗地區最大、設備最齊全的展演場館，地面上5層、地下2層樓的現代化建築，外觀運用線條和不同建材的特性，營造出山水的意象，外牆一隅還輕巧地加上鋼琴鍵盤，標示出這座建築物的角色個性。優美的造型，早已成為頗受網美們青睞的IG打卡點。

苗北藝文中心內部空間相當完備，包含了演藝廳、實驗劇場、視聽中心、藝文展覽區、藝術創作家駐站工作室、戶外展演區等，偶然造訪，可能來不及預訂一場戲劇或音樂表演，但是也別錯過踏入室內藝廊，欣賞一下精心規劃的藝文展覽，無論是木雕、琉璃或是繪畫，都能看得到策展人嘗試把在地文化工藝提昇至國際舞台的良苦用心。

Info

add 苗栗縣竹南鎮公園路206號
tel 03-761-2669
time 週二至週日09:00~17:00，週一公休。
FB 苗栗縣苗北藝文中心

2

苗栗 竹南→頭份

蘆竹湳古厝

傳統三合院老社區展現新活力

從大道鑽進小巷，就像鑽進時光隧道，眼前出現一群台灣古早時候的傳統建築，彷彿和牆外形成兩個世界。蘆竹湳是一個擁有三百年歷史的老社區，目前仍保存著五十多座閩式三合院。大約民國57年前後，時代的進程改變了社區外圍的樣貌，周邊工廠如雨後春筍般崛起，廠房的煙囪總在夜裡不斷閃爍著火焰，新興的工業讓原本務農的居民們無所適從，只好紛紛離家，這個老社區逐漸人去房空，淹沒在煙囪堆裡。直到民國95年，居民們不願看見自小生長的家鄉繼續凋零下去，於是成立蘆竹湳文史工作隊，把荒廢的三合院重新整理，點點滴滴回復成現在的狀態，有講述歷史的古厝風情館、陶藝等工作室進駐，沉睡的社區終於又活化了起來。

走訪至蘆竹湳灶腳的時候，尚未到用餐時間，但是黑板上書寫的菜單實在太誘人，忍不住坐下來吃吃看干貝乾拌麵、松坂肉粽和客家的鹹湯圓，濃郁的古早味符合旅人們對古厝的期待。

保存有五十多座三合院的老社區。

白牆紅磚共構老宅風景。

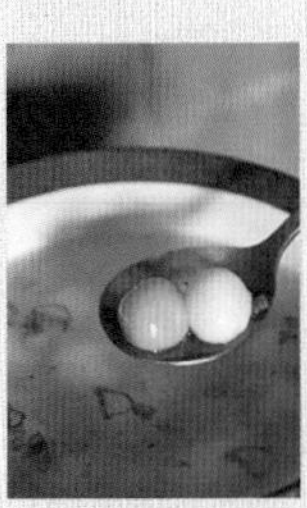

客家鹹湯圓洋溢古早味。

Info

add 苗栗縣頭份市蘆竹里15鄰191號
tel 03-762-8187
time 週一至週日08:00~17:00，週二公休。
FB 蘆竹湳古厝

3

苗栗
竹南→頭份

四方鮮乳酪故事館

本土自產自製乳酪成果展現

四方鮮乳是在有機食品通路頗受歡迎的乳製品品牌，從單純的畜牧業、精緻的酪農業、到開放給消費者參觀的觀光工廠，不斷地調整路線、不斷地研發新品，終於在乳品業打出一片天。

四方鮮乳是全台率先投入自製乳酪領域的業者，在眾多乳酪品項裡，主攻荷蘭高達乳酪和義大利莫札瑞拉乳酪，卓然有成，於是設立全台第一家乳酪觀光工廠，在深入淺出的導覽解說下，透過圖片、模型和實體展示，讓消費者從一滴牛奶到餐桌上的乳酪有概括了解，甚至不必遠赴荷蘭，就能透過玻璃窗目睹乳酪的製作過程。

當然，在四方鮮乳酪故事館可以品嚐到四方鮮乳的各種產品，包括鮮奶、乳酪、乳清飲料、優酪乳、冰淇淋、鮮奶饅頭、鮮奶吐司等。

四方鮮乳投入自製乳酪領域。

透過模型和展示讓消費者看見乳酪製程。

故事館外觀做成童趣起司造型。

Info

add 苗栗縣竹南鎮大厝里9鄰大厝59-13號
tel 03-747-2609 #2
time 09:00~17:00
price 全票NT$100，半票NT$60（可折抵一半消費）。
FB 四方鮮乳酪故事館-觀光工廠

4

苗栗
竹南→頭份

獅山多功能運動公園

造型吸睛親子同樂園地

刻有獅山多功能運動公園的門碑。

以苗栗火炎山為靈感的溜滑梯。

Info

add 苗栗縣竹南鎮真如路39-45號

二〇二〇年3月才開幕的獅山多功能運動公園，是一座以造型取勝的親子遊樂園地，其中又以一座苗栗知名地景火炎山為靈感來源的彩虹溜滑梯，最是吸睛；除此之外還有大瓢蟲蓋頂的溜滑梯、山丘水管隧道、鳥巢鞦韆、大沙坑、戲水池、蹺蹺板、蘑菇屋等，數十種遊樂設施，不但是溜小孩的新去處，也成為網美們打卡的新寵。

新開幕沒多久的獅山多功能運動公園，現在已經成為親子旅遊的熱門去處。

5

苗栗
竹南→頭份

原木香氣融合咖啡香

屋咖人 Coffee Studio

吧檯後面可以看見店主泡咖啡的身姿。

原木打造的內裝。

職人手沖咖啡。

循著地址找到指示的地點，外部看不到明顯的招牌，順著木材廠往裡走，終於看到這間裡裡外外幾乎都以原木打造的個性咖啡廳。

店名用國語唸來有些拗口，原來客語發音就是「家裡人」的意思，年輕的女老闆返鄉創業，運用自家木材廠的材料，創造出嶄新的空間。屋咖人強調選豆、烘豆完全自己來，在保守傳統的頭份市裡獨樹一格，雖然開業才剛滿週年，已經闖出名聲，也吸引不少人特地遠道而來，只為在手作木棧咖啡廳裡品嚐手沖咖啡的味道。

Info

add 苗栗縣頭份市尖山里中華路53巷10號

time 10:00~18:00，不定期店休，可上官方粉絲專頁查詢詳細營業時間。

FB 屋咖人 Coffee Studio

6

苗栗
竹南→頭份

傳統市場獵尋銅板美食

頭份黃昏市場

頭份黃昏市場也是在地人採購的重要去處。

安泰炸雞翅是市場內的熱門選擇之一。

傍晚才開始熱鬧起來的頭份黃昏市場，位於為恭醫院對面的巷子裡，是在地人採買食物的重要去處，從巷頭走到巷尾，沿途有趣的叫賣聲讓人聽著不禁莞爾，熱情的試吃召喚更讓你走走又停停，眼睛和嘴巴都很忙碌。

除了戶外的攤位外，別忘了彎進市場裡去瞧一瞧，只要看到正在排隊的，一定就是飽受肯定的人氣美食，像是市場入口處的大漁壽司生魚片、往裡一點的羅家煎包、還有61號攤位的安泰炸雞翅等，常可看到大排長龍，飄散在空中的香氣和吸引人的價格，讓人忍不住也加入排隊陣容。揮別竹南與頭份前，別忘了到頭份黃昏市場祭一下自己的五臟廟，保證加深這趟旅程的記憶。

壽司捲及豆皮壽司的組合。

Info

add 苗栗縣頭份市仁愛路133號

time 各家不一，約15:00~19:00。

小鎮漫騎，巷弄裡的在地日常

05

南投中興新村

騎行省府眷村隱味

騎四輪協力車漫遊林蔭大道，尋找隱藏版眷村小食，走過風光與沈寂，曾經的台灣省行政中心悄悄冒出新芽，老眷村與文化聚落混出獨特新滋味。

text Cindy Lee **photo** 張晉瑞

【關於中興新村】

民國46年到87年，中興新村曾經走過一段風風光光的台灣省政府時期，造鎮計畫仿英國倫敦新市鎮花園城市所設計，辦公及住宅合一，有當時最先進的下水道和雨污水分流系統，大量種植樹木，宛若大型森林公園，最繁盛的時期，人口多達4萬人。

精省和921大地震後，居民陸續外移，沒落的中興新村僅剩四千多人，空間留給了大樹，蔥鬱綠蔭遮蓋道路，菩提、樟樹、白千層和桃花木編織一條條綠色隧道，紅瓦白牆的眷村老宅反而造就獨特歷史風韻，吸引遊人拜訪。

中興新村面積兩百多公頃、前後約4公里路，步行又累又耗時，最適合腳踏車悠遊。跟著省府日常散策的導覽，騎車穿梭不知名的巷弄，數著窗戶和房間數量分辨甲、乙、丙、丁級的官員宿舍，到光明市場手作蔥肉餅，預約一桌省府家鄉菜，或是沏一壺茶品味小鎮慢活，走進老宿舍裡的文化聚落，體驗中興新村的生活。

Start!

省府日常散策 — 步行1分 — 1 大美生活提案所 — 步行1分 — 省府日常散策 租借單車 — 單車4分 —

2 第三市場&樟樹隧道 — 單車3分 — 3 中興會堂 — 單車1分 — 4 小興苑 — 單車6分 —

5 帶人尋味 — 步行1分 — 6 丘山茶 — 單車2分 — 省府日常散策 還車

Start!

南投
中興新村

省府日常散策

中興新村生活提案家

省府日常散策位於光明里一棟兩層樓的老宿舍，庭院花木扶疏，天藍色樓梯可以通往二樓，主理人怡甄和啟宏熱情的招呼，彷彿走進好久不見的眷村朋友家。

省府日常散策自詡為中興新村的旅遊中心，將舊省府的文化與在地生活變成體驗遊程，可以騎協力車穿梭巷弄、聽里長說故事；摘取隨處可得的蕨葉綁成苔球，帶走一片中興風景；或是預約一桌眷村家鄉味，品嚐在地媽媽的手藝。

體驗眷村生活，從市場早餐店的燒餅開始，省府日常散策與光明市場希谷早餐合作，讓遊客透過手作蔥肉餅認識眷村飲食。壓平麵糰，抓一把肥瘦均勻的豬肉餡，豪邁地加入青蔥，想盡辦法讓麵皮縮口，最有成就感的是蓋上官印的瞬間。怡甄復刻數十個官印，省長、政風處長、財政廳長…想當什麼官自己決定。逛完村落，正好回來品嚐烤後金黃香酥的蔥肉餅，舌尖上的中興新村，味道特別鮮明。

【TIPS】
省府日常散策也有提供協力車租借服務，不妨以這裡為騎逛中興新村的起點吧！

Info

add 南投縣南投市光明二路92號

time 週二至週日10:00~18:00，週一公休。

tel 04-9231-2476

自己動手包蔥肉餅，再蓋上省府官印，完成獨一無二的有趣體驗。

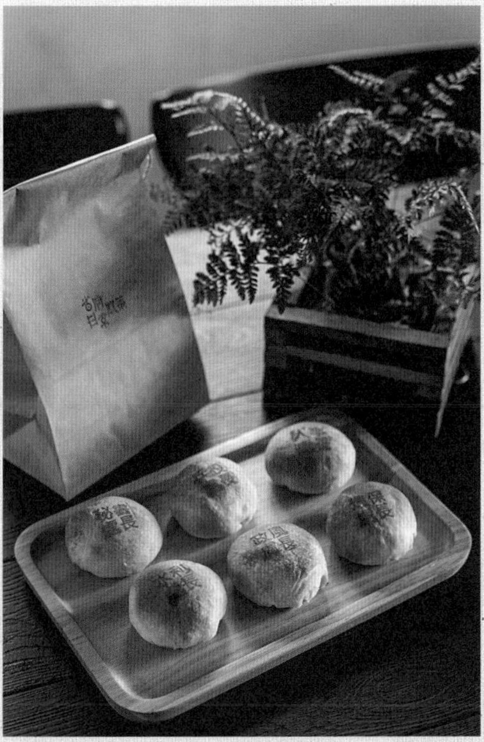

剛出爐的蔥肉餅金黃誘人，滋味鹹香涮嘴。

閒置老宿舍變身文化基地，帶領遊人走進中興新村的日常。

蔥鬱老樹與脆嫩蕨葉交織一片舒心綠意。

1

南投 中興新村

美好生活練習曲 大美生活提案所

省府日常散策的樓下，大美生活提案所在村落種下美學種子。主理人大衛先生和小李夫人原本從事實驗教育工作，偶然接觸到中興新村創生聚落計畫，萌生讓美感深入生活的想法，萃取從前在學校教授生活美學的經驗，帶入社群與社區，策劃生活美學體驗、手作市集和小老闆市集等各項活動。老屋裡擺滿兩人自各處收集來的老件，舊家具帶著故事進入這個空間，物件和桌椅都可移動，有機的空間因應不同展覽和活動而改變，傳統木拉門廚櫃內陳列茶具，可當寫字桌的老梳妝台擺放手工藝職人的設計，大美生活提案所的選物蘊藏優雅生活。大衛先生和小李夫人都是茶藝師，大美生活提案所也以品茶為美感體驗的核心，結合繪畫、音樂、陶器、花藝等，每季推出一個活動主題。秋季繪扇，練習緩慢，引導每個人畫下中興新村的秋天；冬季藏茶，練習祝福與靜心，親手寫下送給自己或親友的祈願，與南投烏龍茶一同藏放於茶罐，以蠟密封，相約來年開啟收藏一年的心意。我們體驗完藏茶活動，珍惜地捧著象徵「事事如意」的柿子茶罐離開，帶走的不是一件商品，而是發現生活之美的全新感受。

依四季及節日推出相關的美感體驗活動。

舊物、茶具及職人工藝品傳遞生活美感。

Info

add 南投縣南投市光明二路84號

time 週二至週六10:00~16:00，週日10:00~17:00，週一公休。

tel 04-9231-5630

2

南投 中興新村

蒐集在地小食 第三市場&樟樹隧道

自在騎行於光榮北路，夾道老樟樹張開枝葉，羅織中興新村最美的綠色隧道，深邃的蔥鬱盡頭，近50年歷史的第三市場熱鬧運轉著在地人日常，遊人聞香而至，找尋用料澎拜的無名麵線糊、「黑狗兄傳統手工餅舖」的鹹酥餅、「正典牛乳大王」的三明治冰磚和烏梅牛奶冰淇淋，或是「合宏眼鏡」的咖啡香。市場裡日日上演生活，傳統美食傳遞著中興新村數十年不變的純樸。

市場正前方夾道老樟樹如夢幻的龍貓隧道。

探索第三市場的在地庶民美食。

中興新村的老樹都有五十到六十年的樹齡。

Info

add 南投縣南投市光榮西路13號

time 早市06:00~12:00，美食攤午晚市15:00~21:00。

3

南投
中興新村

中興會堂
在地人的休閒娛樂

純白典雅的中興會堂曾是省府娛樂中心。

樟樹隧道的另一頭，連接有「小白宮」之稱的中興會堂，建於民國46年的巴洛克式建築是中興新村的代表性地標，早期為省府集會、活動、放映電影的場地，現在會堂前的公園是學生運動、居民休閒的場所。雖然內部不開放參觀，坐在樹下草地上野餐，看著白色歐風建築，有一秒到歐洲的錯覺。

鄰近中興會堂的中興郵局也是熱門打卡景點，三百多張大型郵票鋪滿郵局側牆，這是二〇一四年台灣燈會打造的花燈牆，夜間點燈也別有風味。

Info

add 南投縣南投市光榮北路1號

time 內部不開放

坐在大樹下與居民們一同享受中興新村的悠閒。

大型郵票牆回憶兒時集郵的樂趣。

4

南投
中興新村

小興苑
前衛藝術空間

小興苑前身是「中興新村台灣新生報辦事處」，由台灣第一位女建築師修澤蘭操刀設計，正面以抽象建築語彙呈現螺旋狀膠捲底片和相機觀景窗，流線動感的白牆表現張開的報紙，五十六年前的前衛設計至今仍然風格獨具，已被南投縣文化局列為歷史建築。小興苑一樓販售南投茶葉和文創商品，二樓為藝術展示空間並陳列小興苑的歷史資料，後院座落白牆紅瓦的平房，可入座飲茶，在藝術氛圍中享受悠閒。

以新聞業的相機、膠卷及報紙為概念設計建築外觀。

Info

add 南投縣南投市光華路121號

tel 10:00~17:30，週二公休。

time 04-9232-9666

開啟茶文化、建築與藝術的巡禮。

在小興苑後院品味茶香與靜謐。

5

南投
中興新村

帶人尋味

重現省府家鄉菜

廣西菜、江浙菜、京菜、徽菜…等中國大陸各省年節大菜同時上桌，這不是料理選秀，一桌工夫菜全出自光榮里里長陳武強的手藝。陳武強為了照顧父親而離職返鄉，回到中興新村後，重燃在台北學習餐飲的料理魂，著手記錄中興新村的飲食文化。他一一拜訪村裡的長輩，拜各省媽媽們為師，學習快失傳的特色年菜，以食譜、文字和照片留下手藝和料理的故事。「採集」與「記錄」只是第一步，進而成立帶人尋味工作室，希望更多人「體驗」省府家鄉菜，並有機會「傳承」手藝。

一次只招待一組客人，每道菜都是工夫菜，講究細節與時間、考驗廚師功力，例如傳承自陳媽媽手藝的廣西「腐乳扣肉」，料理過程需經煮、扎、炸、煮、切、醃、排、蒸的工序，歷時12小時才能上桌，「因為太麻煩了，只有過年吃得到。」扣肉軟爛入味、鹹香下飯，膠質入口即化，第一口已完全臣服；廣東「涼拌魚熟」以燙熟魚片混合切絲蔬菜和炸得酥脆的米粉，淋上特調糖醋汁，過年時全家一起壓碎拌撈，撈的越高代表運勢越好；京菜「賽螃蟹」則是為滿足慈禧太后想吃螃蟹的口腹之慾，御廚們用蛋白和黃魚仿製蟹肉的宮廷菜。一邊品嚐料理，一邊聽陳武強說菜，佛重回省府時光。

重現中興新村來自大江南北的飲食精華。

Info

add 南投縣南投市光明一路51號

time 11:00~20:00，週四、週五公休（3天前預約）。

tel 0930-458-008

note 以8人為最低預約單位，最多能容納40位。單一時段原則上只服務一組客人，預約即包場。

屋裡流光緩緩，桌上擺滿眷村年味，彷彿回到熱熱鬧鬧的省府時光。

陳武強傳承眷村媽媽的手路菜，透過飲食延續文化。

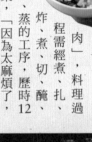

店內提供熟客寄茶服務。

南投鹿谷的茶搭配口感細緻的千層蛋糕，感受靜心美好。

甜點皆由主理人賴岳鈴親手製作。

曾經是廳長使用的甲級宿舍，院落敞亮。

6

南投 中興新村

丘山茶

品一壺從容慢時光

如果以「慢活」為主題畫一張圖，應該是茵綠草皮上座落紅色琉璃瓦老屋、高大玉蘭花老叢下飄散茶香，應該就是「丘山茶」。

丘山茶是在地老店「萊緹蛋糕坊」的新品牌，第二代賴岳鈴辭去航空公司的地勤工作，返鄉打造一個以品茶和手工點心為主的空間。老屋曾經是廳長使用的甲級宿舍，擁有寬闊的庭院和四面採光，室內木架衍樑下，開敞的落地木窗灑落午後陽光，沒有浮誇的裝飾，白牆、原木家具和綠色植栽營造清新淡雅。因為曾經離開，更珍惜中興新村的恬靜美好，岳鈴以金黃茶湯分享這份悠緩，提供可控溫煮水壺和完整的泡茶用具，希望遊人親手泡茶，靜心等待茶葉在熱水中舒展，空氣瀰漫茶香，品茶也品味慢時光。

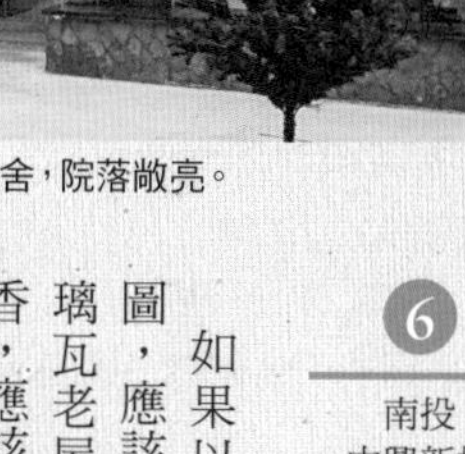

丘山茶的茶葉多來自鹿谷熟識茶農，招牌丘山紅茶以烏龍茶樹種焙製，甘潤不澀，尾韻帶點楓糖的蜜味，最適合搭配岳鈴拿手的千層蛋糕，甜而不膩、層層分明的細緻口感更能襯托茶韻醇香。千層蛋糕除了常見的起士、草莓等口味，喜歡研發的岳鈴還曾經試過酪梨、榴槤和紅蘿蔔蘋果千層，若到訪時看到隱藏版千層，勇於嘗試一定不會失望！

Info

add 南投縣南投市光明一路38號

time 10:00~18:30，週六、週日09:00~18:30，週二公休。

tel 04-9237-2038

06

南投集集
展讀綠色詩篇

從日式木造小車站出發，踩踏雙輪低空飛翔於樟樹隧道，穿梭小鎮的日常與悠悠古韻，品嚐在地人推薦美味，與小火車不期而遇，撩動雀躍自在的輕旅心情。

text Cindy Lee **photo** 劉曉天

【關於南投集集】

即使旅行潮流一再改變，依然無法撼動集集綠色隧道的經典地位。從台鐵縱貫線的彰化二水車站轉乘集集支線，小火車規律節奏中抵達青山圍繞的小鎮，踏出日式木造車站，單車出租店一字排開，揭示與集集小鎮相遇最好的速度。

集集環鎮自行車道暨綠色隧道總長約17.52公里，曾獲選全國十大經典自行車道，沿線串連起日治建築的質樸古韻、清朝拓墾的痕跡、921地震的見證、粉黛亂子草田的夢幻、濁水溪峽谷的壯闊、以及樟樹隧道的舒心綠意。2020年9月集集鎮公所完成「開闢鴻荒」單車牽引道及沿溪自行車道工程，銜接綠色隧道與鎮中心，單車旅人再也不需挑戰體力爬坡至集集隧道，順著濁水溪畔舒爽清風，一路吹送至翠綠廊道。

Start!

集集火車站租車 — 步行2分 — 1 Scoop冰淇淋 — 單車7分 — 2 武昌宮 — 單車10分 — 3 大樟樹

— 單車1分 — 4 粉芒園 — 單車13分 — 5 集集攔河堰 — 單車5分 — 6 集集綠色隧道

— 單車2分 — 7 添興窯陶藝村 — 單車5分 — 8 阿霞牛肉麵 — 單車20分 — 集集火車站還車

Start!

南投集集

集集火車站

重現日治時光

在這裡借車吧!

退役的老火車頭留下時光痕跡。

921地震後原料原樣重建，恢復日式車站樣貌。

為了運送日月潭發電場所需建材，日本政府於一九一九年興建二水通往車埕的鐵道支線，鐵路運輸改變沿線鄉鎮的經濟與生活，建於一九三三年的集集車站成為農產品集散地，山蕉、稻米、水果和木材在檜木車站的迴廊穿堂間往來交易。隨著便捷的公路日漸取代鐵道，集集支線褪去貨運功能，成功轉型觀光用途，然而老車站終究敵不過九二一大地震，樑柱損毀傾斜，現在的站體為二〇〇一年修復後樣貌，以舊有材質原貌重建。

集集車站內瀰漫舒服的檜木香。

Info

place 南投縣集集鎮
（詳見P.38地圖）

小火車從彰化二水站啟程，沿著濁水溪前進，經過綠色隧道進入集集小鎮。

1

南投集集

舌尖融化的鮮甜 Scoop 冰淇淋

Scoop是一家流著在地血液的義式冰淇淋店，黑白色系打卡牆與民生路小鎮風情形成極大反差，冰櫃裡卻是真材實料的本土派，使用集集山蕉和火龍果、埔里大坪頂的香水百香果、屏東枋山的愛文芒果、信義鄉的葡萄…等產地直送的季節水果，天然龍眼蜜與牛奶融合出舌尖上一抹淡雅，經典香草也毫不手軟地添加馬達加斯加香草莢，巧克力則呈現帛隆迦納70%黑巧克力的香濃，無添加人工香料和色素，低脂冰淇淋和水果的組合，多試幾種口味也沒有罪惡感。

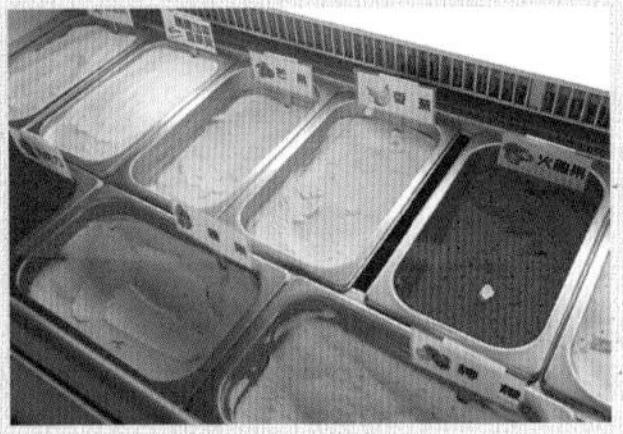

結合在地風土，呈現新鮮水果的時令滋味。

Info

add 南投縣集集鎮民生路214號

tel 04-9276-1798

time 10:00~18:30，週六、日10:00~19:00，週四公休。詳細店休時間可上店家粉絲專頁查詢。

FB Scoop 冰淇淋 集集店

2

南投集集

九二一地震活教材 武昌宮

武昌宮的時間凝結在九二一大地震那一天，消失的大殿、殘破的屋頂和傾斜塔樓建構令人心驚的畫面，危險和平穩在廢墟間無聲對峙。武昌宮的歷史可追溯至一九〇三年，供奉玄天上帝，為集集鎮民的信仰中心。一九九九年，歷時八年、耗資七千萬的擴建工程才完工，立即遭遇九二一地震，幸好信徒在餘震中搶救下神像，重建完成的新廟於二〇一三年10月12日舉辦神像入火安座大典，正式啟用，倒塌的廟宇則保留原狀，見證天災的無情。

怵目驚心的危樓見證地震威力。

屋脊雕樑與坍塌的建築主體形成強烈對比。

Info

add 南投縣集集鎮八張街181號

tel 04-9276-2496

樟樹公與世代集集居民一同生活。

3

南投集集

大樟樹

小鎮的慈祥耆老

粉芒園是小鎮少女心，鄰近的大樟樹則是慈祥耆老。香火鼎盛的大眾爺祠前，七百多歲高齡的老樟樹高30公尺，樹圍有5.3公尺，樹冠幅更達九百多平方公尺，需以水泥柱支撐枝幹綠蔭。「樟樹公」早已被當地居民視同神明祭拜，聆聽集集世代子孫的故事。

Info

add 南投縣集集鎮初中一街303號（大眾爺祠前）

4

南投集集

粉芒園

季節限定粉紅夢境

秋季粉紅、冬季金黃，夢幻又浪漫。

集集的秋季暈染粉紅色浪漫，冬季則添加一分奶茶色蕭瑟。粉芒園引進近幾年在日本北海道和韓國相當流行「粉黛亂子草」，在四千兩百坪的農地上以花卉彩繪，夏季一片蔥鬱翠綠，9月下旬至11月中旬的花期最美，細長花穗如輕柔棉絮，夢幻淡粉色雲霧佔據所有網美版面，色彩隨季節褪去，陽光下的霧金又是另一種風情。園區內另有種植波斯菊和向日葵的區域，未來也規劃增加田園午茶區。

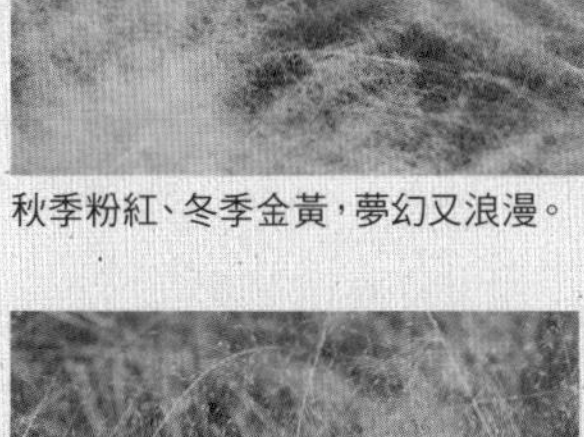

引進韓國流行的粉黛亂子草。

10月是粉芒園最美的季節。

Info

add 南投集集縣道139與成功路口（導航搜尋和平快樂田園）

time 09:00~17:00，以店家粉絲專頁公告為主。

FB 粉芒園-粉紅愛情草

5

南投集集

壯麗水雕峽谷 集集攔河堰

離開小鎮，順著環鎮自行車道的指示牌慢慢騎上河堤，潺潺溪流伴奏下往集集橋頭前進，橋下隱藏低調的一級古蹟「開闢鴻荒」石碣，字跡為清光緒年間奉命來台開山撫番的總兵吳光亮親提，刻劃在巨石上的字體蒼勁有力，似乎能感受到當年先民領兵開闢八通關古道、貫穿中央山脈的壯志豪情。

沿著單車專用道騎往集集攔河堰，見識全國最大的水資源調度工程。早期濁水溪下游常有洪害，為了蓄存利用、調度供水，設計興建長約三百五十三公尺的攔河堰，供給彰化、雲林地區農業、生活及工業用水。攔河堰啟用後，下游缺乏礫石層緩衝，經年累月排砂、排洪，沖刷切割出獨特峽谷地形。

Info

add 南投縣集集鎮林尾里攔河路2號

濁水溪上游沖蝕出特殊的峽谷地形。

攔河堰自行車道可順著水岸通往綠色隧道。

6

南投集集

穿梭樟樹追火車 綠色隧道

民間鄉與集集鎮之間，長達4.5公里的樟樹公路如綠色畫軸與鐵道並行，用悠緩的速度迎向清風騎行，最是愜意。枝葉茂密的老樟樹種植於日治時代，當時為了取樟製腦，日本政府提供樟樹樹苗，令道路附近每戶人家種植1到3棵不等的樟樹，並且嚴格規定保證存活。近年來集集附近盛行栽種火龍果，小鳥在樹梢留下果實，抬頭仔細觀察，還能發現火龍果寄生老樟樹的有趣畫面。

陽光灑落綠蔭林道，療癒舒適。

享受騎腳踏車追火車的樂趣。

7

南投集集

添興窯陶藝村

走過一甲子老蛇窯

添興窯陶藝村曾經是台灣三大琉璃瓦窯場之一，民國72年開啟南投窯場的轉型之路，以「生活陶藝品」和「親手玩陶」打開窯場大門，旅客可親手捏製獨一無二的食器，民國94年又與工研院合作，研發加入竹炭粉的陶土，讓遠紅外線與陶器發生連結。傳承三代的添興窯創新之餘不忘傳統，窯場中逾六十五年的老蛇窯依然定期運作，長長的紅磚甬道內，木柴經高溫燃燒過後產生的油脂結晶附著四周，晶亮黝黑如黑色鐘乳石，全台灣最老的活蛇窯如同一本濃縮版的集集陶藝盛衰史。

Info

add 南投縣集集鎮楓林巷10號

time 09:00~12:00、13:30~17:30，週四公休。

tel 04-9278-1130

web txkiln.com

園區內師傅聚精會神的拉胚。

台灣少數持續運作的老蛇窯。

第一個打開大門讓旅客玩陶的窯廠。

8

南投集集

阿霞牛肉麵

阿兵哥的思念

經過無人招呼的龍泉車站，尚未到用餐時間，鐵路平交道另一頭的阿霞牛肉麵已幾乎滿位，除了在地人讚不絕口，也是集集兵工廠阿兵哥們退伍後最思念的味道。店家海派地使用厚切帶筋牛肉塊，燉煮到筷子輕輕一撥就能切分的軟嫩程度，不辣的紅燒湯頭帶點酸菜香，沒有過於濃郁的油膩感，搭配古早陽春麵或南投意麵，像鄉下媽媽一般樸實溫暖。細切滷味撒上滿滿蔥花和薑絲，再淋上特製辣椒醬油，香辣夠味，份量和價格都誠意十足。

Info

add 南投縣集集鎮龍泉巷24-7號

time 11:00~14:00、16:00~20:00，週六、日公休。

tel 04-9278-1320

厚切牛肉軟嫩入味，紅燒湯頭不油膩不死鹹。

位於集集兵工廠旁邊，在地人也愛的好味道。

細切滷味淋上特製辣椒醬油，每桌必點。

小鎮漫騎，巷弄裡的在地日常

07

彰化鹿港

迷路巷弄老時光

漫騎紅磚窄巷，老厝裡麵茶正香，天后宮點一炷香，祈願事事安康。龍山寺古韻悠然、桂花巷藝術村活力繽紛、民俗文物館氣派華麗，古今交錯的鹿港小鎮，探索宗教、歷史與美食編織的迷人風韻。

text Cindy Lee **photo** 張晉瑞

【關於鹿港】

提起鹿港，總是聯想到從小琅琅上口的「一府、二鹿、三艋舺」，羅大佑唱《鹿港小鎮》時漂泊無奈帶點鄉愁的嗓音也立刻浮現。荷蘭及清朝時期，鹿港是台灣最重要的通商港口，舳艫連天、商業繁榮，帶動文風鼎盛的黃金年代，隨著鐵路發展和港口泥沙淤積而退出貿易舞台，當年的紅磚古厝、老街巷弄和廟寺文物成為現在的觀光資產，富裕風華凝結成無可取代的歷史魅力。

鹿港小鎮假日壅塞的交通令人頭皮發麻，不如搭乘台灣好行鹿港祈福線，從台中高鐵站或彰化火車站轉乘至鹿港，再租借便利的 YouBike 穿梭巷弄，用不疾不徐的速度品味閩南古宅的細節，彎彎曲曲的九曲巷裡踩踏悠閒，從天后宮、桂花巷藝術村騎到龍山寺，一路蒐集傳統小吃和古宅咖啡館。

Start!

鹿港北區遊客中心 租借YouBike — 單車3分 — 1 鹿港天后宮 — 步行1分 — 2 麵麵茶茶二店 — 單車3分 — 3 桂花巷藝術村 — 步行2分 — 4 鹿港老街 — 單車2分 — 5 鶴棲別墅 — 單車1分 — 6 蚵蚋龍山麵線糊 — 單車3分 — 7 摸乳巷 — 單車3分 — 8 龍山寺 — 單車2分 — 9 書集喜室 — 單車3分 — 10 鹿港民俗文物館 — 單車1分 — 11 凡咖啡 — 單車7分 — 鹿港北區遊客中心 還車

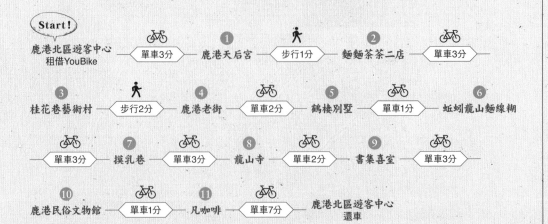

廟中提供解籤服務。

八卦藻井層層出挑，宛如精巧華麗的蜘蛛網。

Start!

鹿港北區遊客中心

到附近的YouBike站點借車吧！

1

彰化鹿港

民間藝術聖殿

鹿港天后宮

鹿港昔日為天然良港，與大陸貿易往來頻繁，民眾為祈求航行安全，集資於一五九一年建造天后宮，供奉天上聖母，至今已逾四百年。明末清初福建水師提督施琅平台，奉請湄洲開基聖母隨軍庇佑，其族姪施世榜請求將神像留在鹿港，並獻地搬遷至現址，廟門面對台灣海峽，遠眺湄洲天后宮祖廟，係台灣唯一奉祀湄洲祖廟開基媽祖神尊的廟宇，已評定為國定古蹟。

鹿港三步一小廟、五步一大廟，但天后宮崇高的地位始終無可取代，因屢顯神蹟，外地信眾慕名而來，香客終年絡繹不絕，農曆三月媽祖誕辰時，廟埕更是天天擠得水洩不通。天后宮規模宏偉，木雕、石雕、彩繪皆出自名匠之手，還未見到媽祖本尊，匯集工藝精華的三川殿（廟門）已讓人駐足許久，仰望八卦藻井，層層斗栱雕刻細緻、巧奪天工；正殿神龕則宛如富麗堂皇的「廟中廟」，兩旁分立兩對千里眼和順風耳雕像，姿態神韻優雅，為神像雕刻的經典之作。

鹿港天后宮有如宗教美術館，雕樑畫棟皆藝術。

中殿千里眼木雕姿態傳神。

裊裊香烟、古韻悠然的空間。

Info

add 彰化縣鹿港鎮中山路430號
time 06:00~22:00
tel 04-777-9899
web www.lugangmazu.org

鹿港天后宮全年香火鼎盛。

輕工業風格從視覺著手吸引年輕族群。

百年餅店的第三代翻轉傳統甜品面貌。

小包裝麵茶粉重現父母世代的童年。

「麵茶粉粉ＱＱ」是人氣招牌，麵茶粉、統一布丁和海鹽奶蓋組合出新滋味。

2 彰化鹿港

麵麵茶茶二店

翻轉傳統古早味

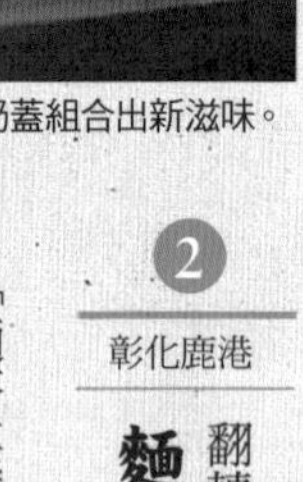

「麵茶其實很簡單，材料只有低筋麵粉和糖，只是要手工拌炒6小時。」麵麵茶茶面對古早味甜點的態度很開放，手法卻堅持傳統，年輕老闆為百年餅店的後代，傳承阿公炒麵茶的技術，堅持無油手工乾炒，麵茶粉焦香誘人卻無一絲油耗味，加入少許杏仁片和黑芝麻，添加口感和香氣，並減為半糖以符合現代人對低熱量的要求。如何讓老派麵茶華麗轉身，靠的是打破框架的食材組合，在輕工業風的麵麵茶茶二店中，麵茶加入年輕人喜愛的波霸、奶蓋等，變成鹿港最潮的冰品。

「麵茶粉粉ＱＱ」的邪惡組合一出場就讓人投降，剉冰撒上細緻麵茶粉，搭配滑嫩統一布丁、Ｑ彈粉粿和波霸，淋上絲綢般的海鹽奶蓋，豐富口感激盪多層次的滿足；「麵茶泰泰」以泰奶綠茶凍為基底、中層麵茶冰沙、上層厚厚的海鹽奶蓋添加現烤鹹蛋黃，甜甜鹹鹹的奇妙滋味，意想不到的協調。

Info

add 彰化縣鹿港鎮民生路7號

time 週一至週五12:00~19:00，週六10:00~20:00，週日10:00~19:00。

tel 0916-017-504

ㄕ公館工坊展示各流派、各庄頭委託製作的獅頭。

藝術村有許多色彩繽紛的壁畫。

Info

add 彰化縣鹿港鎮桂花巷
time 10:00~17:00（各工作室時間略異）
tel 04-777-2006#2308

3

彰化鹿港

日式風味藝術聚落

桂花巷藝術村

離開熱鬧的老街，不遠處，桂花巷藝術村像靜謐的日式小社區，黑瓦下入駐雲林地區的傳統工藝師和藝術家，白牆上彩繪色彩鮮明的可愛塗鴉，每棟小屋都是藝術舞台。

清朝時期此地為主要貿易河道，沿岸種植許多桂花，花開時節處處飄香，得名「桂花巷」，日治昭和年間，興建日式房舍作為日本警察與公教人員的宿舍，之後因年久失修逐漸荒廢，二〇〇九年經過鹿港鎮公所規劃整理，一棟棟獨立小屋變身藝術家工作室，成為彰化縣第一個藝術村。

工作室敞開大門邀遊客入內與藝術家對談，走進如同小型獅頭美術館的「ㄕ公館工坊」，「國寶獅王」施竣雄師傅正執筆彩繪；「巧葫工坊」窗邊，藝術家專注於細微的葫蘆雕刻；運氣好的話，還有機會看到鹿港書法家吳肇勳親筆揮毫；逛逛「小式品農村文創設計」，各種風格獨具的農村文創商品一定會讓荷包大失血。

【TIPS】
附近有YouBike站點，可以先還車再悠閒逛藝術村和老街喔！

日本警察宿舍變身彰化縣第一個藝術村。

4

彰化鹿港

鹿港老街

延續古街廓日常

鹿港因貿易而興盛，臨近河道的瑤林街、埔頭街與大有街成了船商與碼頭的集中區，繁榮熱鬧如百年前的忠孝東路。鹿港老街完整保留清代閩南式街道樣貌，建築形式皆為狹長街屋，同時具有住、商和倉儲功能，前方臨街設商舖，後方臨溪供船隻靠岸卸貨，如今少了吆喝買賣的貿易商賈，絡繹不絕的遊客依然天天喧鬧，蜿蜒曲折的紅磚鋪成時光隧道，古厝依然高掛堂號、避邪古物與對聯，半邊井表現主人家的善心，老一輩的生活文化細細藏匿在街區角落，濃厚古韻被國際旅遊美食界權威「米其林」評鑑為二星級景點。

紅磚老街上古樸與創新交錯，傳統小吃攤的酥炸蝦猴和蚵嗲總能挑起食慾，懷舊文青風的「仲彥麵茶」受年輕人愛戴，最後別忘了打包傳統餅店「鄭玉珍」的鳳眼糕當伴手禮。傍晚遊人逐漸散去，老厝點亮大紅燈籠，木窗櫺流瀉溫暖黃光，此刻才是老街最迷人的魔幻時光。

老街保留清代閩南街廓的樣貌。

老品牌仲彥麵茶也推出新潮的麵茶冰。

Info

place 彰化縣鹿港鎮瑤林街、埔頭街、大有街（詳見P.44地圖）

5

彰化鹿港

鶴棲別墅

反應現代化歷程的建築融合

內院為傳統閩式合院。

後院留有原本的水井。

融合閩南、希臘柱式和羅馬拱門的獨特建築。

一整排紅磚牆之間，閩洋混合的宅邸大門特別顯眼。

鶴棲別墅為傳統三進兩院落的格局，建造於清光緒17年，昔日是日本富豪王煌經營金融信託的場所，以「三泰行」商號與大陸貿易。在日治時期的市區改正風潮中，流行改建成歐風立面，鶴棲別墅也在原有立面融入希臘柱式和羅馬拱門，第二進保留傳統閩南式合院住宅，正廳中央為神明廳、兩側廂房為起居空間，後方院落有水井。仿建重修後的鶴棲別墅規劃為工藝展覽館，並不定期更換展覽主題。

展出鹿港古蹟分佈圖。

Info

add 彰化縣鹿港鎮後車巷8號

time 週三至週日 09:00~17:00，週一、二公休。

勾芡的細麵線入口後仍然保持口感。

外帶的排隊人潮也絡繹不絕。

Info

add 彰化縣鹿港鎮民族路193號

time 06:00~17:30

tel 04-778-2999

6

彰化鹿港

不走味的傳統

蚵蚓龍山麵線糊

麵線糊是鹿港小吃界的代表之一，蚵蚓龍山麵線糊則是在地人也願意排隊的老店。蚵蚓龍山麵線糊位於第一市場旁邊，小店翻桌率高，剛倒入大鍋中的麵線糊，不一會兒就會見底，牆上菜單只有兩個選項，大碗和小碗，佛心銅板價，完美詮釋一生做好一件事的職人精神。麵線糊的肉塊取自口感較嫩的豬大腿肉，醃製後再裹粉，有嚼勁又不乾柴，混著勾芡後的細麵線和蛋花一起滑溜入喉，蝦米香氣竄入鼻腔，味道香濃偏甜，最好再添加點黑醋和辣椒醬才是達人吃法。

肉塊多、蝦米香，簡單有誠意的味道最難忘。

7

彰化鹿港

身材大考驗

摸乳巷

想知道自己是否有紙片人身材，就約朋友一起走摸乳巷吧！由於鹿港海風強勁，為抵擋強風，因此當地房屋間距並不寬，摸乳巷其實是長街屋間的防火巷，因為最窄處不到70公分，兩人錯身而過難免有肢體上的接觸，如為男女擦身，便有些尷尬，於是又出現「護胸巷」、「君子巷」等名稱。還有另一種說法，曾有懷孕的婦女夢見路經此狹長巷道後生下兒子，因此有「夢麟巷」之稱，而夢麟巷的台語發音類似摸乳巷，久而久之，便流傳成「摸乳巷」。

狹長的摸乳巷相當考驗身材。

巷口重新塗上亮面漆，少了點純樸古韻。

Info

add 彰化縣鹿港鎮菜園路38號旁

8

彰化鹿港

龍山寺

台灣保存最完整的清代建築

天后宮與龍山寺一北一南、一廟一寺分佔據鹿港兩側，若說前者是慷慨豪邁的俠士，後者就像清雅風流的文人，自帶靜心滌塵的結界，彷彿走進寧靜悠遠的清朝時光。

鹿港龍山寺建於明永曆年間，清乾隆51年（一七八六年）搬遷至現址，供奉觀世音菩薩，自福建省漳州府晉江縣安海龍山寺分香而來。台灣共有5座龍山寺，其中，鹿港龍山寺保存最佳，規模宏大，格局完整，也是公認臺灣現存最完整最美的清代建築，雖然數度因大火和地震受損，仍使用原工法恢復清道光、咸豐時期舊貌，因此被指定為國家一級古蹟。

龍山寺佔地一千六百多坪，為三進二院七開間的格局，由前而後依序為：山門、五門殿、戲台、拜殿、正殿、後殿等，保存閩南泉州的寺廟建築藝術菁華，斑駁古韻中見細緻工藝，有「臺灣紫禁城」美譽，五門殿的龍柱和雙面透雕花窗、戲台上以16層斗拱榫接的八卦井藻都值得花時間駐足欣賞。

Info

add 彰化縣鹿港鎮龍山里金門巷81號

time 06:00~21:00

tel 04-777-2472

web www.lungshan-temple.org.tw

宗教信仰是鹿港文化重要的脈絡。

前殿有5扇門，稱為「五門殿」，木雕和石雕都相當精彩。

彷彿走入古裝劇場景。

斑駁痕跡更添歲月風華。

清靜古雅，被譽為台灣民間藝術的殿堂。

典型的狹長街屋多以天井增加採光。

老沙發與收音機堆砌舊日的生活風貌。

前廳樓井貫穿1、2樓，昔日是財富象徵。

9

彰化鹿港

書集喜室

閩洋古厝品書香

書集喜室藏身在龍山寺旁的杉行街，從事文史工作的老闆黃志宏貸款買下殘破不堪的一九三一年老厝，請來專修古蹟的建築師重新整理，恢復長條型閩式街屋原貌，在鹿港小鎮種下一顆低調的文化種子，分享書籍、空間與生活。

老屋為洋樓式立面、傳統街屋格局，結合一進房店面、二進房住家、三進房後院三大功能，原屋主經營布料生意，敞開的樓井代表財富象徵。前廳閱讀文字，主要為人文和歷史類，有罕見的二手老書，也有老闆選的新書；後院閱讀空間，刻意保留正廳後方的長輩房、水井和防空洞，天井設計維持採光和通風。

書店是主角，供應茶點只是「順便」，提供有機綠茶、木耳桂圓甜湯或香草茶，搭配乳酪蛋糕、杏鮑菇、豆干等簡單茶點，點完餐後赤腳踩著老木梯上樓，一窺樓井上方的祕密。陽光灑落昔日的倉儲空間，老物件巧思妝點各個角落，捧著方才挑選的書坐下，慶幸自己偷得閒適愜意的小時光。

Info

add 彰化縣鹿港鎮杉行街20號

time 週三至週日11:00~17:30，週一、二公休。

FB 書集喜室

一杯茶、一碗甜湯，老屋偷得浮生半日閒。

10

彰化鹿港

縮小版總統府

鹿港民俗文物館

單車穿梭古樸的紅磚老街，乍見鹿港民俗文物館典雅莊嚴的歐風氣勢，立刻懾服於鹿港辜家的霸氣。鹿港民俗文物館分為三個部分，洋樓稱為「大和厝」，前身為臺灣五大家族之鹿港辜家辜顯榮舊居，落成於大正8年（一九一九年），二〇至三〇年代是辜家的國際接待大會議廳，日本皇族、官員、貴賓及臺灣士紳名流往來頻繁，內部家具雕刻皆出自當時鹿港名匠之手，後文藝復興式的立面充滿古典建築語彙；緊鄰洋樓的是台灣傳統式民宅，後側「古風樓」則是約兩百年歷史的閩南街屋，曾為鹿港的私塾學堂，保存婦女家居寢室，重現當時生活空間。

除了一九七三年創館時辜振甫捐出收藏書畫及文物，後續接受鹿港鎮民捐贈，或遍及臺灣各地民俗文物提供者寄存，館藏六千多件，囊括一百五十年以來鹿港當地居民食、衣、住、行、育樂、宗教禮俗、節日慶典等民俗物品，每件展品都代表不同時期的台灣社會。

Info

add 彰化縣鹿港鎮館前街88號

time 週二至週日09:00~17:00，週一公休。

tel 04-777-2019

web www.lukangarts.org.tw

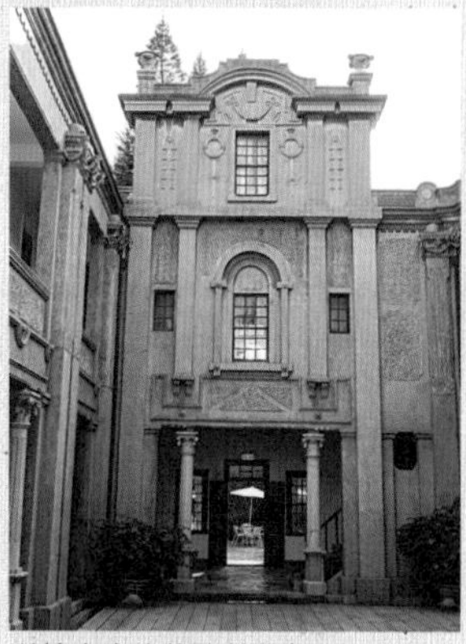

洋樓中庭仿若歐洲大宅。

後文藝復興式的建築立面有縮小版總統府之稱。

後棟古風樓保留兩百年前的閩南街屋。

會議廳裝飾氣派華麗，採中西混搭。

館內收藏許多珍貴的老照片和數千件鹿港民俗文物。

仕女房內展示清末民初的紅眠床。

百年老屋重生為時尚咖啡館。

大門上仍高掛老屋堂號匾額。

閩式紅磚與西洋古件調出老時間韻味。

復古加入新潮，咖啡碰撞油飯，凡咖啡混搭奇幻空間感。

11

彰化鹿港

加上時尚濾鏡的紅磚老宅

Fang Kofi凡咖啡

因一次偶然的西岸行旅，凡咖啡的老闆愛上了鹿港老街的百年老屋，儘管當時樓房已形同廢墟，仍決定以自己的設計專業延續老屋生命。兩層樓的閩式老宅為清末泉州商人許志湖所建，大門上方重修「太岳衍派」的匾額，為了保護古宅木門的原貌，另闢低調神秘的出入口，由側門「星景」進入。紅磚牆內，綠色藤蔓垂墜而下，天井灑落明亮自然光，與溫暖的室內黃光共構奇幻、古樸又時尚的空間，歲月刻痕留在斑駁磚牆和屋頂木樑，老闆費心收集的西洋老件、原木桌椅、復古燈具毫無違和感的融入老空間。

L型吧檯上，Faema E71義式咖啡機和一字排開的德國 Melitta 濾杯說明凡咖啡不是花拳繡腿，手沖咖啡依據不同產區、焙度的咖啡豆使用不同濾水孔的濾杯，精準控制咖啡萃取度，與當地甜點店合作開發，將鹿港的「紅磚」和「古井」變成桌上甜點，最特別的是與鹿港百年老店合作的鹿村油飯，古色古香的瓷碗盛裝麻油油飯，東西食材在老宅碰撞出新火花。

鏤空迴旋梯通往廢墟風的二樓空間。

以鹿港紅磚為靈感的甜點。

入口隱藏於庭院內，帶點神祕感。

Info

add 彰化縣鹿港鎮中山路74巷38號

time 週三至週日11:00~16:00，週一、二公休，詳細營業時間可上店家粉絲專頁查詢。 **FB** Fang Kofi 凡咖啡

08

彰化田尾

一日集齊田尾美拍勝景

微風輕拂，天空湛藍，我們來到花的故鄉田尾，徜徉在花卉草木的盎然生機中，

勃勃綠意，可愛植栽，療癒了被悶壞的身心。

text & photo MOOK

【關於彰化田尾】

綠意正濃的初夏，迫不及待解封緊繃許久的心情，來到彰化田尾，借台單車走入田園小徑，享受舒緩慢活的農家樂，汽機車也彷彿用與單車同樣的速度從身旁滑過，可以放心在這片綠野間盡情踩踏。平坦的鄉間小路兩旁是讓人心曠神怡的花草植栽，隨處都是風景，不但徹底活絡了筋骨，也驚喜發現這裡簡直是美拍打卡的天堂！波波草、落羽松、小葉欖仁這些美拍常客，在這裡一次就能集齊，美麗的咖啡館更是任一角落都喜歡，也別忘了選購鮮嫩的當季花草或可愛的多肉盆栽，與滿載的美圖一起心滿意足地回家。

Start！

田尾花園公路租車 —（單車15分）— ① 田尾波波草 —（單車1分）— ② 裕豐路落羽松 —（單車13分）—

③ 綠野仙蹤貨櫃園區 —（單車8分）— ④ 綠果庭院 GreenLife Garden —（單車5分）— ⑤ 捌程 小8親子café —（單車15分）—

⑥ 彩色小葉欖仁樹田 —（單車15分）— ⑦ 小田生活mmm —（單車16分）— 田尾花園公路還車

田尾種植的波波草品種為細葉七里香。

Start!

田尾花園公路

到附近借車吧！

1

彰化田尾

擷取一球少女心
田尾波波草

每到初秋時節，就是日韓掃帚草（又名波波草）在社群洗版的時刻，掃帚草是藜科地膚屬植物，會隨季節變化由綠轉紅。而在田尾的波波草則屬於芸香科的細葉七里香，是常綠灌木不會變色。園主悉心將一株株七里香修剪成圓滾滾的樣子，就像嫩綠的抹茶丸子，十分可愛。也因為一球一球的模樣頗似掃帚草，所以又暱稱是台版波波草，是近來最受歡迎的美拍打卡景點之一。

一球一球並排的模樣神似抹茶糰子。

Info

place 彰化縣田尾鄉田仁路、裕豐路口

price 入園酌收50元清潔費，目前僅假日開放。

note 入園請勿觸碰或趴在植物上面拍照。

2

彰化田尾

巧遇落羽松祕境
裕豐路落羽松

裕豐路上巧遇的落羽松林。

Info

place 彰化縣田尾鄉裕豐路、鳳田路附近（詳見P.54地圖）

離開波波草園區，在裕豐路上恣意踩踏，驚喜發現路旁這片鮮有人知曉的落羽松林，當然得臨停下車獨享這份美好。此時的落羽松是鮮嫩新綠，欣欣向榮，等到冬季由綠轉紅，應該又是另一種夢幻風景吧。

以白色為底，點綴粉紅色調的飲料店。

販賣窯烤披薩的蜜魯手工窯烤柴燒披薩。

裝飾用多肉植物也都能買回家。

3

彰化田尾

超好拍的貨櫃屋空間

綠野仙蹤貨櫃園區

以貨櫃屋打造的綠野仙蹤，是田尾單車旅行的中途休憩飲食之所，有手工窯烤披薩、丼飯、水餃以及冰沙飲品等可以選擇，其中各式不同風味的窯烤披薩是這裡必嚐的特色美味。美味之餘，以貨櫃屋打造的空間，搭配花束植栽造景，每個角落都超好拍，更務必上到二樓用餐空間，浪漫氛圍甚至在這裡拍攝婚紗照也可以很有戲，隨處擺放裝飾的盆栽也都能買回家。原來綠野仙蹤的老闆是一個花藝設計師，也難怪能如此完美運用田尾在地花藝，營造這個人見人愛的空間。

Info

add 彰化縣田尾鄉中山路二段123號

tel 0986-885-319

time 週三至週日11:00~20:00；週二11:00~21:00；週一公休，詳細營業時間可上店家粉絲專頁查詢。

FB 綠野仙蹤貨櫃文創

二樓的藍色貨櫃屋，裝飾著美麗乾燥花。

漆成黃色的貨櫃屋空間。

手工窯烤柴燒披薩是必嚐美味。

販賣丼飯的店面。

正在曬太陽的多肉植物們。

以造型盆栽裝飾的多肉植物。

用舊窗框打造的網美牆。

4 彰化田尾

愛上懷舊網美牆

綠果庭院 GreenLife Garden

綠果庭院這處以舊窗框打造的網美牆，前方放置一台白色典雅的偉士牌機車和古董電視機，周邊是當季花卉和乾躁花環繞，空氣中有著雅致的花香，用心佈置的懷舊空間相當招人喜愛。然而綠果的用心不只在佈置這供人拍照打卡的網美牆而已，主要工作還是在販售各種美麗的多肉盆栽，每一株都用心照拂。漫步園內，可愛的花卉盆栽和多肉相當療癒人心，假日不定時有甜點和飲品進駐園內，停留在這裡的時間又將不自覺延長了。

點綴老件裝飾與綠意的空間。

每一株多肉都被照顧得很好。

除了多肉植物，也要販售其他種類植栽。

Info

add 彰化縣田尾鄉張厝巷121號

tel 0988-968-265

time 09:00~17:30

FB 綠果庭院 GreenLife Garden

5

彰化田尾

追求那抹黃色雲朵
捌程 小8親子café

草地旁的沙坑亦是小朋友的最愛。

童話小屋內的粉色球池。

園內玻璃屋是近來田尾當紅的美拍打卡點。

捌程本業是景觀室內設計公司，園內並販售精品多肉和珍貴樹種。有鑑於造訪這裡的多為家庭客，因而打造了一處親子共遊的玩樂天地，並於二〇二〇年初開始營運。而園內玻璃屋「西Succulent & Artwork」，也是近來田尾當紅的美拍打卡點之一，天花板垂掛著黃色雲朵，想拍得好看可是相當考驗技術呢。西內亦販售高檔的盆栽器具和風格雅致的植栽。

Info

add 彰化縣田尾鄉公園路二段155號

tel 04-823-7713

time 週一至週五10:30~17:00，週六、日10:00~18:00。

price 成人入場券 NT$200，可抵園內消費NT$100；孩童（1~12歲）入場券 NT$200，全區遊樂設施無限時暢玩，無折抵消費功能；65歲以上及田尾居民優待票 NT$100。

FB 捌程 小8親子cafe'

note 更多資訊可上店家粉絲專頁查詢。

6

彰化田尾

閃爍光輝的樹林
彩色小葉欖仁樹田

小葉欖仁最高有20公尺。

陽光將葉片照射得閃閃發亮。

踩著午後光輝，尋覓到這處在社群火熱程度一如波波草的彩色小葉欖仁樹田。小葉欖仁可高達20公尺，陽光灑在淡綠細密的葉子上，閃爍著耀眼動人的情致。園主在路旁圈起圍籬，想入內拍照，或許只能看看假日能否巧遇園主開放了。

Info

place 田尾鄉過和平路二段的民權路上（詳見P.54地圖）

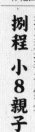

咖啡是彰化名店「豪咖啡」的淺焙豆，百花蜜使用雲林生產的蜂蜜。

店內提供野餐墊和籃子，讓顧客能夠輕鬆地在戶外用餐。

7

彰化田尾

小田生活mmm

田野咖啡香

深秋時節彰化的稻田變成一片金黃浪海，在微風中舞弄著光影，抬頭是不帶雜質的純淨藍天，四周是綿延田野，咖啡店小田生活 mmm 靜悄悄坐落在田中央，就像是風景明信片中畫龍點睛的焦點，和諧地鑲嵌在秋日田園拼布中。

「戶外是我們的特色，希望可以讓大家享受在稻田旁邊喝咖啡看風景。」主理人之一 Mico 說。迎接遊子歸鄉，與 Damon 全家動員，房子是父母一起蓋的，桌椅木頭是叔叔釘，鋪草皮、種植綠樹都不假手他人，總共花了一年時間，理想的店面輪廓才逐漸浮現。硬體完成後，在台北擔任造型設計多年的 Mico，把自然生活的色彩和美感帶入空間裡，並減少人工建築的比例。田裡成排的落羽松每到深秋就會換上一襲紅裝，隨四時變化的田野景觀捎來季節氣息，鄉野的慢步調融入空氣中，很自然會想要放慢呼吸，吹拂微風聽著大地的詩歌，沉浸在時節荏苒間。

因為在田中央才能夠擁有的優閒，藉由小田生活 mmm 分享擴散。有了草地可以坐臥，就會想要更貼近自然，因此有許多帶小孩全家出遊的顧客，還有人把自己的寵物，甚至刺蝟陸龜浣熊都帶來這裡，共同享受田野之樂。店內依季節舉辦草地音樂會、森林市集等活動。家族代代守護的稻田，如今以另一種形式再生，變成重拾鄉野閒情的舒服所在。

爽口的「伯爵生乳酪」以及搭配手工熬煮焦糖醬的「咖啡戚風」。

溫馨可愛的文創類擺飾。

Info

add 彰化縣田中鎮民光路一段395巷258號

tel 04-875-3586 **time** 13:00~19:00，週三公休。

FB 小田生活mmm

09

雲林虎尾

老派文藝復興

時間忘了前行，因糖業繁榮的小鎮留下日治時期印記，
日式官邸、和洋建築、木造平房與糖廠內上映新的故事。
在飄散蔗糖甜香的微風中，預約一次老派優雅約會。

text Cindy Lee　**photo** 張晉瑞

【關於雲林虎尾】

每年12月到翌年3月，虎尾鎮吹起一陣香甜季風，騎著自行車遊逛小鎮巷弄，全身上下彷彿沾滿製作蔗糖的焦香，薰出甜滋滋的心情。

從被稱為「小總督府」的虎尾郡役所翻開虎尾故事，中山路與林森路交叉口，三大官舍帶動小鎮的文藝復興，建築保留日本時代台灣州郡等級行政中心的整體風貌，內部分別重生演繹布袋戲文化、雲林故事和時尚書局。悠閒的生活步道與單車速度一致，順著連接糖廠的中山路前行，因台灣製糖產業而興衰的小鎮，將曾經風華鎖在「虎尾第一街」的老屋門面和鐵橋鋼樑，五分車依然在虎尾人的記憶裡鮮明，而關於甘蔗的香、蕃薯的甜都化為旅人舌尖上的美好，復興虎尾的老派時光。

Start!

雲林布袋戲館 —〈步行1分〉— ① 雲林故事館 —〈步行1分〉— ② 虎尾合同廳舍 —〈步行2分〉—

③ 雲林記憶Cool 借單車 —〈單車2分〉— ④ 虎尾厝沙龍 —〈單車5分〉— ⑤ 虎尾糖廠 —〈單車1分〉— ⑥ 虎尾鐵橋

—〈單車5分〉— ⑦ 青埔落羽松祕境 —〈單車7分〉— ⑧ 虎珍堂菓寮店 —〈單車3分〉— 雲林記憶Cool 還車

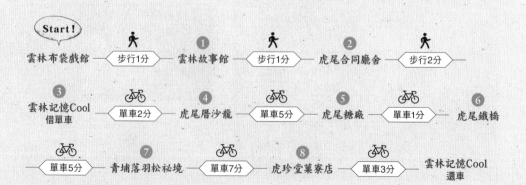

Start!

雲林虎尾

雲林布袋戲館

回憶兒時掌中戲

完整保留日治時期郡役所格局。

展示布袋戲人偶彩繪及製作方式。

和洋混合式立面典雅氣派。

還記得那些年不睡覺也要追的霹靂布袋戲嗎？雲林是布袋戲的故鄉，虎尾又是發展重鎮，培育出家喻戶曉的黃海岱、黃俊雄、黃文擇…等大師。雲林的代表性文化注入日治時期「虎尾郡役所」，歷史建築變身布袋戲舞台，上映布袋戲的起源及發展，這一頭，大型戲偶穿著精緻華服，如藝術品般栩栩如生，另一邊，史豔文、藏鏡人經典再現，勾動戲迷無數回憶。只是參觀還不過癮，不如走進戲臺後方，動手操作戲偶，即興演一場「轟動武林、驚動萬教」的掌中戲。

布袋戲館的建築本身也是焦點，三合院主體包圍庭院中央的獨棟郡守辦公室，維多利亞式清水紅磚搭配亮黃色半木造結構，在當時眾多郡役所中有「小總督府」稱號，現在依然是虎尾鎮最華麗氣派的存在。虎尾郡役所目前的樣貌完建於昭和12年（西元一九三七年），為當時的行政及警察中心，一九五〇年改為「虎尾警察分局」，內部依然留有木柵欄牢房、禁閉室和警察廁所，可看出日治時期拘留所的樣貌。

大型戲偶的妝髮、衣物紋繡及配件都精緻如藝術品。

戲台勾起童年廟口追戲的回憶。

後院紅磚房依然保留昔日拘留所樣貌。

Info

add 雲林縣虎尾鎮林森路一段498號

time 10:00~18:00

tel 05-631-3080

web sites.google.com/view/yunlinpuppet

在榻榻米淡雅藺草香中閱讀繪本。

樹屋是孩子們的說故事舞台。

1

雲林虎尾

閱讀純真童心

雲林故事館

大樹下的百年日式老宅靜靜沐浴陽光，年輕媽媽牽著孩子的手，穿過屋簷下的晴天娃娃，熟門熟路走進來，盤腿入坐榻榻米角落，翻開繪本輕聲說故事，昔日的郡守官邸，今日的虎尾人文化客廳，歷史建築活化再利用，續寫老屋與雲林的在地故事。

雲林故事館的前身為「虎尾郡守官邸」，建於大正9至12年間（西元一九二〇至一九二三年），光復後陸續作為行政長官或地方法院院長宿舍，閒置多年後，二〇〇一年與虎尾郡役所、合同廳舍共同登錄為歷史建築，重新整修，二〇〇七年由雲林故事人協會接手營運，推廣閱讀文化、出版雲林社區原創繪本，創造一個體驗聽、說、讀、寫、演故事的文化平台。雲林故事館瀰漫大人味的日本風情，同時在每個角落埋藏吸引孩子們的童趣巧思，門票可兌換扭蛋驚喜、森林書屋鼓勵孩子分享故事、庭院有古早童玩、書齋陳列各式繪本，不分年齡，都能在這裏找到快樂童心。

Info

add 雲林縣虎尾鎮林森路一段528號

time 週三至週日10:00~18:00，週一、二公休。

tel 05-631-1436

web www.ylstoryhouse.org.tw

2

雲林虎尾

日治消防局喝咖啡

虎尾合同廳舍

瞭望塔可觀測失火位置。

與虎尾郡役所相比，對街同樣興建於昭和年間的合同廳舍低調許多，連入駐經營的星巴克和誠品書局也為這棟古蹟降低鋒芒。合同廳舍的意思是「聯合辦公廳」，中間樓梯劃分空間，左右兩邊各有獨立出入口，日治時期為郡役所直轄派出所、消防組和公會堂，四層樓高瞭望塔曾是虎尾最高的建築地標，兼具觀測轄區失火位置與緊急通報功能，二戰後則作為虎尾消防隊所在。

從二樓消防隊宿舍通往一樓的滑杆依然存在，圓形牛眼窗和磨石子扶牆刻寫過往，警察局櫃檯擺上書籍文具，書香與咖啡香消弭昔日的陽剛味，柔和日光中化做一室古雅風韻。

咖啡香取代昔日消防局的陽剛味，啜飲一杯小鎮文化底蘊。

Info

add 雲林縣虎尾鎮林森路一段491號

time 週一至週五11:00~21:00，週六、日10:30~21:30。

tel 05-700-3566

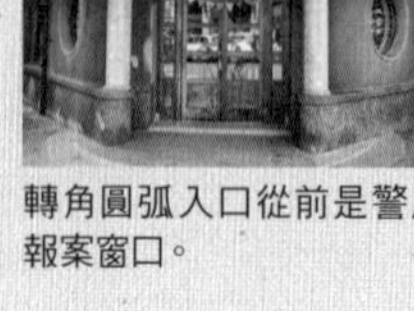

轉角圓弧入口從前是警局報案窗口。

3 雲林虎尾

打開記憶寶庫
雲林記憶Cool

雲林記憶 Cool 前身為「台南地方法院虎尾出張所」（簡稱虎尾登記所），小巧的房舍也是存放虎尾人過去回憶的寶庫。虎尾登記所即為日治時期的地政事務所，設立於大正十年（一九二一），主要為辦理地方不動產登記業務，便於政府徵收地租並進行管理，隨著虎尾地區工商經濟蓬勃發展，加上嘉南大圳完工通水，出現大量可耕地，原本的虎尾登記所辦公廳舍狹小不敷使用，遂於一九三〇年搬遷擴建至現址，戰後曾作為法院倉庫使用。

踏進大門，整面木頭窗框是昔日民眾洽公的櫃台窗口，保險庫一樣的厚鐵門內，一排排紅檜木檔案櫃為從前存放土地產權的空間，當時為了保護檔案資料，四周牆壁皆為加厚防火牆，並加裝防盜鐵門窗。坐在芒果樹下曬暖陽，吃一碗雪花日式刨冰或使用在地小農食材烹煮的日式咖哩飯，滋味樸實，卻能嚐到無可取代的慵懶悠閒。

【TIPS】
雲林記憶 Cool 重生再造，成為一處結合歷史、餐飲、展覽和在地導覽的文化空間，同時也是免費租借虎尾環保自行車的據點，可以在這裡租車開始虎尾小鎮之旅。

在這裡借車吧！

在地農產烹煮簡單樸實的咖哩飯。

木質調空間銜接過去、現在與未來的虎尾故事。

Info

add 雲林縣虎尾鎮林森路一段501號
time 週二至週日 09:00~18:00，週一公休。
tel 05-632-7282
FB 雲林記憶Cool

4 雲林虎尾

巷弄裡的文藝復興
虎尾厝・SALON

青松翠竹下、石燈籠旁品一盞幽靜好茶。

殖民風格建築中流溢歐式華麗典雅。

穿越虎尾市場轉進華南路，來回了幾次，才在小麵店旁找到通往虎尾厝沙龍的線索，防火巷深處，藝術家王忠龍以鵝卵石結合鐵件張起鏤空結界，隔絕街市喧囂，庭院裡佈置青松翠竹、石燈籠和生態池，雅致日本韻味打開穿越之門。一九四〇年代老厝原為吳中醫師興建的住宅，兼具和風與洋味的興亞式殖民風格建築，融合東方主義與現代主義精神，老屋注入文學靈魂，變身複合式藝文空間，結合獨立書店、展覽與餐飲服務。

虎尾厝沙龍的藏書主要為生態、性別及另類全球化議題，每月更換主題書展，並販售有特色的在地物產。華麗吊燈下飄逸淡雅檜木香，歐洲古董家具間流瀉書卷氣，玻璃窗手寫上詩句，流光遊走於花樣繁複的手工織毯，擒一本書，選一方靜謐角落，坐進維多利亞時代的絨布沙發啜飲優雅，彷彿也成為老宅主人熟識的坐上賓客。

選書以生態、性別和另類全球化議題為主。

Info

add 雲林縣虎尾鎮民權路51巷3號
time 週三至週日 10:00~18:00，週五~17:30，週一、二公休。
tel 05-631-3826
FB 虎尾厝・SALON

5

雲林虎尾

虎尾糖廠

甜蜜蜜五分車

虎尾糖廠至已有一百一十二年歷史，原為大日本製糖株式會社，由於糖業帶動經濟和就業機會、鐵道建立交通網絡，才造就了虎尾鎮的發展。虎尾糖廠目前是全國唯二仍然生產蔗糖的廠區，也是僅存以五分車載運甘蔗的糖廠，每年12月到翌年3月製糖期間，滿載甘蔗的五分車從糖廠出發，經虎尾鎮中正路到褒忠鄉龍岩村，約15公里，五分車與高鐵交會處，每年總是吸引鐵道迷朝聖攝影。

虎尾糖廠平時不開放，10人以上團體可預約參觀糖廠內部的糖業文物館，透過導覽和文物了解台灣糖業史，沒有預約也可到糖廠對面的販賣部吃一隻蔗糖冰棒，騎單車穿梭同心公園和糖廠日式宿舍區的茄苳樹林蔭道，想像昔日糖廠人家的悠閒生活。

每年冬季，高聳煙囪吐出甜甜蔗糖香。

台糖冰品部銜接跨世代的甜蜜回憶。

五分車運甘蔗是虎尾珍貴的文化景象。

Info

add 雲林縣虎尾鎮中山路2號

time 週一至週五 08:00~18:00

tel 05-632-1540

6

雲林虎尾

虎尾鐵橋

跨越虎尾溪的地標

象徵工業時代景象的鐵橋橫跨虎尾溪，從運輸甘蔗的功能過渡至遊客拍照的背景，虎尾鐵橋連接兩岸，也連接時光。日治時期為了方便火車由蕃薯莊運輸甘蔗至虎尾糖廠，一九〇七年由大日本製糖株式會社出資，興建跨越虎尾溪的木橋，一九三一年改建成目前的新橋，長約四百三十七公尺，由三段高矮不一、交錯聳立的鋼架樑以及十座巨大拱型中空橋墩共同構成，早期鐵橋旁邊附設「板仔橋」，作為虎尾溪兩岸居民往來的交通橋樑。走上鐵橋回望糖廠，高大煙囪噴出濃濃白煙，微風吹來煮甘蔗的香甜味，虎尾的季節限定風景，視覺或嗅覺都是愉悅體驗。

鋼架鐵橋是在地人的共同記憶。

沿鐵橋兩邊的自行車道騎行。

Info

add 雲林縣虎尾鎮中山路路底

7 雲林虎尾

青埔落羽松

隨季節變色的水漾森林

順著虎尾鐵橋東側的河堤自行車道騎行，不久後就被道路旁的落羽松森林吸引，這處水漾祕境是前雲林縣長張榮味的私人土地，免費開放參觀，小巧精緻的落羽松森林以日式庭園的概念規劃，清淺水塘圍繞奇石、茵綠草坪和小土丘，視覺層次更豐富。一年四季景色各異，每年11月底開始，隨著氣溫下降逐漸變葉轉紅，翠綠、金黃和磚紅錯落的落羽松彷彿印象派大師的畫布，將庭園水色渲染成北國風情。

池畔逐漸轉紅的落羽松提醒著季節更迭。

Info

add 雲林縣虎尾鎮青埔2之29號

8 雲林虎尾

虎珍堂菓寮店

復古百貨行的產地滋味

雲林號稱地瓜的故鄉，虎珍堂使用當地特產打造精緻地瓜糕點，獲選為雲林十大伴手禮。除了自強街本店，中山路上的菓寮店更古樸可愛，七十年老屋的前身為「正義百貨行」，當年是最時髦、最高級的百貨彩妝婚嫁店，伴虎尾走過繁華與沒落，於二〇一六年結束營業。虎珍堂保留老屋原貌，地面花磚一如既往，帶著竹籃「限定套裝組」走上二樓，復古沙發、黑白電視、榻榻米和老物件重現百貨舊時光，招牌「虎月燒」以日式蜂蜜銅鑼燒搭配萬丹紅豆和乳酪餡，現點現做的溫度提升濃郁蜜香，甜而不膩的鬆軟正如同小鎮之旅的滋味。

建築的立面保留老屋的磁磚與木窗。

招牌虎月燒濃縮雲林地瓜的綿密與香氣。

二樓佈置許多老物件，重現「正義百貨行」樣貌。

Info

add 雲林縣虎尾鎮中山路13號

time 10:00~18:30

tel 05-632-3639

10

台南後壁白河

以風的速度，騎行稻香水圳

台南白河以綻放的蓮田、筆直木棉花道、綿延稻田與水圳風光為自行車愛好者津津樂道。跟著車道指示，從後壁沿嘉南大圳，經過木棉花與荷花接連盛開的繽紛大道，然後走訪無米樂的故鄉菁寮老街，以鐵馬織綴生機盎然的田園風情畫。

text 李芷姍　**photo** 蔡嘉瑋

【關於後壁白河】

每年12月到翌年3月，虎尾鎮吹起一陣香甜季風，騎著自行車遊逛小鎮巷弄，全身上下彷彿沾滿製作蔗糖的焦香，薰出甜滋滋的心情。

從被稱為「小總督府」的虎尾郡役所翻開虎尾故事，中山路與林森路交叉口，三大官舍帶動小鎮的文藝復興，建築保留日本時代台灣州郡等級行政中心的整體風貌，內部分別重生演繹布袋戲文化、雲林故事和時尚書局。悠閒的生活步道與單車速度一致，順著連接糖廠的中山路前行，因台灣製糖產業而興衰的小鎮，將曾經風華鎖在「虎尾第一街」的老屋門面和鐵橋鋼樑，五分車依然在虎尾人的記憶裡鮮明，而關於甘蔗的香、蕃薯的甜都化為旅人舌尖上的美好，復興虎尾的老派時光。

Start!

後壁火車站租車 —〈單車20分〉— ① 嘉南大圳自行車道 —〈單車10分〉— ② 白河林初埤木棉花道 —〈單車30分〉—

③ 菁寮聖十字天主教堂 —〈單車3分〉— ④ 菁寮老街 —〈單車2分〉— ⑤ 墨林文物館 —〈單車1分〉—

⑥ 和興冰菓部 —〈單車3分〉— ⑦ 義昌碾米廠 —〈單車1分〉— ⑧ 萬味香醬園 —〈單車2分〉— ⑨ 富貴食堂

1

台南
後壁白河

樂活水岸騎行
嘉南大圳自行車道

涵蓋雲、嘉、南的嘉南大圳為日本時代重要的水利工程，白河田畝綿延、作物豐饒的景象也是歸功於這條源源不絕的水圳供給灌溉。沿著嘉南大圳沿線農路及台糖舊鐵道規劃的雙環自行車道路線，綠意盎然的車道旁野花遍地開放，潺潺流水送上陣陣清涼，沿著濱岸車道可前往小南海風景區環湖騎走，5月蓮花季時水面布滿綻放的粉蓮，在陽光與暖風中搖曳花枝，浪漫到了極點。

Start!

後壁火車站

在附近單車行租車吧！

起點的後壁火車站。

看著綠油油的稻田令人心曠神怡。

跟著柏油路線的賞蓮指示騎行。

還未到五月，已有點點粉蓮綻放。

Info

place 台南市白河區（導航搜尋「嘉南大圳自行車道」）

2 台南 後壁白河

木棉盛開時

白河林初埤木棉花道

位於田畝間的白河林初埤木棉花道，每到3月就會成為遊客與媒體爭相造訪的熱門景點，全長將近1公里的筆直道路兩旁木棉成排並列，春季艷紅木棉花掛滿樹梢，彷佛火燒一般燦爛奪目，騎自行車穿越漫長的木棉花道，眼前盡是花團錦簇、夢幻到了極點。道路兩旁一邊是綻放的花田，一邊為綠油油的稻田，多重色彩相互疊綴景色無限美好。

豔紅的木棉花夾道成排，另一邊是繽紛花田。

Info

place 台南市白河區玉豐里林初埤

---

3 台南 後壁白河

最有設計感的天主堂

菁寮聖十字天主堂

一九六〇年落成的菁寮聖十字架天主堂，尖錐頂造型的教堂在清一色的紅瓦建築中顯得格外突出。教堂的建築師來頭不小，由獲得「普利茲克建築獎」的德國建築師哥特佛萊德．波姆（Gottfried Bohm）設計，自一九九一年起由聖若望修會管理。

走入幽靜的教堂前庭，跟著法國籍韋神父手繪地圖參觀教堂，鐘樓、洗禮堂、聖殿、聖體宮四幢主要建築，均設計成陡峭的四角尖錐，尖頂分別裝飾具有象徵意義的雞、鴿子、十字架、皇冠，和周圍田園映襯，彷佛代表豐饒的稻草堆，守護著芸芸眾生。

菁寮天主堂尖錐頂的十字架。

平日參觀需事先預約。

Info

add 台南市後壁區墨林里菁寮294之1號

tel 06-636-1881

time 週六14:00~16:00，週日10:00~11:00、14:00~16:00，平日須預約參觀。

FB 菁寮天主堂

四角尖錐分別裝飾雞、鴿子、十字架及皇冠。

紅磚老宅帶人重返清朝時代。

4

台南
後壁白河

重溫無米樂年代 菁寮老街

菁寮在清朝時位於通往諸羅縣城的要道上，以驛站而繁榮發展，老街上店鋪、藥局、旅宿林立，甚至還有嫁妝街、酒家與戲院等，曾經熱鬧一時。隨時代沒落後的菁寮老街，保持著昔時景觀，紅磚老宅、雞犬相聞的鄉里風景，牽著自行車遊逛穿梭，彷彿穿越時空隧道，重返往昔的農村時光。

老街上有一間金德興藥舖，木造閣樓式街屋建於清高宗年間，建築裝飾華麗、作工精美。旁邊的院落古厝稻稻來每逢週末開張，販賣香氣四溢的無麵粉米麵包。此外沿路還有傳統醬油舖，以客家花布做成各種精美枕頭、提袋的店家，還有帶著農產品到街上販賣的商販，此起彼落的招呼和寒暄聲，讓老街洋溢著濃濃人情味。

Info

add 台南市後壁區菁寮老街
tel 06-662-2725
time 全日開放。

老街體驗活動，乘坐牛車遙想百年前嘉南街景。

每個轉角皆充滿年代韻味。

販售花布的老布莊。

掛在路邊的蒜頭。

伴手禮老店熱情提供試吃。

5

台南
後壁白河

在老宅體驗親手做藍染

墨林農村文物展示館

位於街面騎樓一隅的墨林農村文物展示館，原本為日治時代菁寮唯一的醫師梁耀明故居，後轉為農村文物展示館開放，之後藍染熊手作坊進駐，成為結合傳統民居建築、農村文物展示，以及傳承傳統藍染文化的複合型空間。菁寮過去種植藍染原料小菁，並從安平運送到海外出口。遊客參觀文物之餘，可以參加DIY藍染課程，親手製作筷套、襪子、方巾、束口袋、魔術頭巾等製品，體驗以植物渲染色彩的創作樂趣。

墨林文物館的店面位在一樓騎樓。

立於門口的立牌，感謝梁醫師後代無償提供故居作文物展示館。

Info

add 台南市後壁區墨林里菁寮217號

tel 04-2534-3859

time 週六、週日 10:00~12:00、13:30~17:00。

FB 墨林文物館-藍染熊手作坊

6

台南
後壁白河

七十年的甜蜜好滋味

和興冰菓部

面對老街入口的和興冰果部，是一間擁有超過七十年歷史的老字號冰店。圓拱型的穿門、懷舊菜單板，還有洋綠色桌椅與白牆的撞色搭配，讓時光一下退回黑白電影的年代。過去人們常來冰店約會、相親、談事情，店內高背座椅為兩人世界間隔出隱私空間，甜美的香蕉冰更是承襲數個世代的幸福回憶。餐點品項很簡單，以香蕉清冰搭配紅豆、木瓜絲、蜜餞等傳統四果，或是淋上牛奶，加上葡萄、花生、雞蛋等。香蕉冰的口感綿密如雪，有別於一般刨冰，還帶有一股清爽甜香，老闆還在桌上準備梅粉，梅粉配清冰的鹹甜風味堪稱絕配，炎炎夏日來一口，消暑爽口入心脾。

Info

add 台南市後壁區菁寮里46號

tel 06-662-1877

time 09:00~17:00，週一、週四公休。

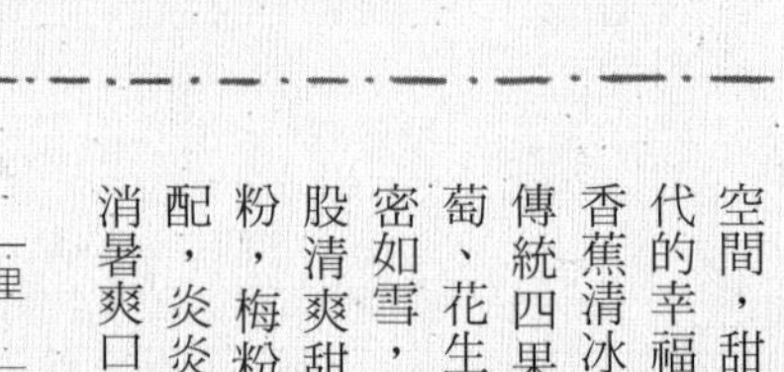
洋綠色桌椅帶人重回黑白電影的年代。

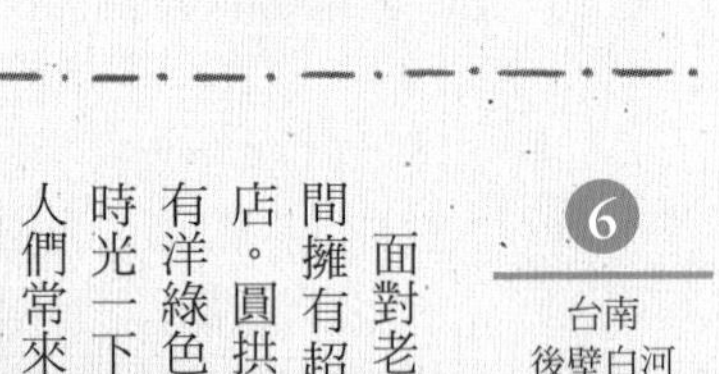
圓拱門後是作成冰品的製作區。

寫著義昌碾米廠的布簾隨風飄揚。

7

台南
後壁白河

九十年碾米機文創新生

義昌碾米廠

創立於日治時期的義昌碾米廠，過去在菁寮地區規模最大，廠中兩層樓高的碾米機由檜木製作，迄今已有近百年歷史十分壯觀。人瑞級的碾米機在經營者梁家的後代與文化部、台南市政府的共同合作及努力下，費時四年修復整建，終於在二〇二〇年成功「回春」，再度運轉起來，讓嘉南一帶的米糧記憶得以繼續傳承。

透過影片與解說牌，遊客可以邊欣賞壯觀的碾米機，同時認識稻米從米穀變成白米的過程，一旁賣店販賣菁寮的農產品與文創商品，以及與「60冰菓所」合作販賣的鮮果冰棒。鐵馬騎累了，可以點杯咖啡坐下來歇息，品嚐由新鮮草莓、火龍果等在地農產品做成的水果冰，特別是高粱炙燒烏魚子冰棒，甜鹹交織，酒香四溢，獨創風味吃過就念念不忘。

Info

add 台南市後壁區墨林里菁寮243號
tel 06-662-1792
time 09:00~17:00，週一、二公休，詳細營業時間可上官方粉絲專頁查詢。
FB 菁寮義昌碾米廠

在這裡可以認識米穀變成白米的過程。

點杯咖啡，坐著休息一下，享受愜意午後。

特殊口味「高粱炙燒烏魚子」冰棒，鹹甜酒香讓人欲罷不能。

廠內展示諸多舊時文物。

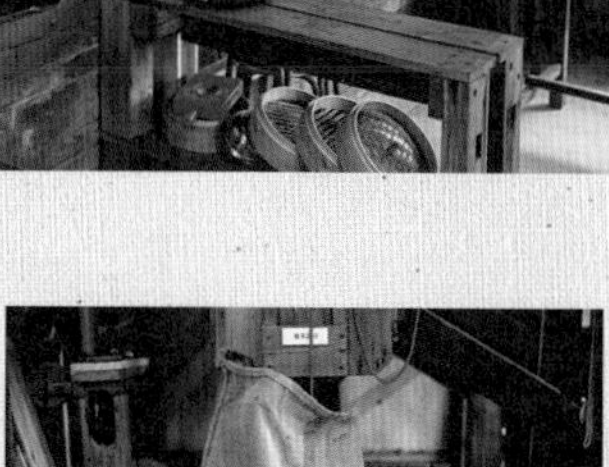

寫著義昌的米袋。

使用黑豆作為原料製成的蔭油。

萬味香醬園位在菁寮老街的門市。

8

台南
後壁白河

萬味香醬園
天然釀豆一百八十天

萬味香醬園創立於一九六九年，使用黑豆作為原料，以手工揀豆、洗豆、蒸豆、製麴，放在醬缸中陳釀一百八十天熟成，製造出呈現琥珀色澤、甘醇不死鹹的古早味蔭油。萬味在老街有一間門市，稍微步行到工廠，可以看到陽光下成排並列的醬油缸，隱約在空氣中散發誘人香氣。老闆說過去純釀醬油被稱為蔭油，因此商品皆以蔭油為名，包括淡色的白曝蔭油、濃色的黑豆蔭油、蔭油膏，以及以乾式天然發酵，日曝月露三百六十五日以上淬鍊，採取第一道原汁的「黑豆原味蔭油」。萬味香醬園以代代傳承的紮實手工，加上不急躁的歲月熟成，醞釀出醇美的醍醐味。

工廠部可見並排的醬油缸。

Info

門市
add 台南市後壁區菁寮里58號
tel 06-662-3623
time 週六、日及例假日營業 10:00~18:00
FB 萬味香.tw

工廠
add 台南市後壁區菁寮里160-1號
tel 06-662-1559
time 09:00~19:00

工廠門口有著萬味香蔭油大型裝置。

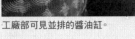

Info

add 台南市後壁區7-2號

tel 0952-669-199

time 週二至週五11:00~13:00，週六、日~14：00，週一公休，詳細營業時間可上店家粉絲專頁查詢。

FB 富貴食堂

以竹棚搭建成的食堂。

割稻飯由來為農村收成期用來招待好友的佳餚。

自製蔥油雞是另一道招牌菜。

9

台南
後壁白河

富貴食堂
濃醇香割稻飯

由竹棚搭建而成的富貴食堂，外觀布置得古色古香，走進門口，熟悉的土牆農舍在店家精心保存下，展現往昔菁寮生活風情。院子裡的牛車、散發香氣的榻榻米，古老電視機和懷舊黑膠唱片，彷彿走入鄉土劇的場景裡，簡樸中洋溢農家的生活況味。

來這裡的客人，必點一碗用大碗公盛裝，放滿爌肉、滷筍乾、季節青菜的割稻飯。早年農村在收成期時，會請每位來幫忙的親朋好友一餐簡單卻豐盛的佳餚表示感謝，成為割稻飯的由來。老闆娘滷的爌肉、三杯雞鹹香鮮嫩，新鮮料好一吃便知，而自製蔥油雞更是連雞胸肉都軟嫩滑口，精湛手藝讓人讚不絕口。

貼了復古海報的門面。

鐵腕上寫著「割稻飯」營造農趣氛圍。

11

屏東潮州

尋找小鎮潮味，今天不吃燒冷冰

挑個微風吹拂的日子探索潮州，歷史建築穿梭日治時空、創意冰店咬一口新潮、到咖啡館體驗生活藝術、享受綠色隧道間舒爽沁涼。原來，潮州不只有燒冷冰！

text Cindy Lee **photo** 劉曉天‧Mook

【關於屏東潮州】

嶄新的潮州火車站賦予小鎮亮麗形象，踏上亮黃色 Pbike 出發，以熱鬧的圓環為中心輻射，悠閒遊逛小巷，在這條街邂逅老宅改建的甜點店，下個出口瞬間掉入日治時空，走進和洋混合的建築內認識傳統戲曲，接著到警察局裡拜拜祈願，庶民生活、歷史文化和文青咖啡館錯落並行的不著痕跡。

向小鎮外圍騎去，田園間的小葉欖仁綠色隧道是艷陽下一帖清涼特效藥，為潮州印象渲染揮之不去的新綠，也許短暫的台1線路程稍微無趣，三平咖啡的江戶風情和牛肉亮的鮮美牛肉湯絕對值回票價。

Start！

潮州火車站租Pbike —〈單車5分〉— 潮州公有停車場站還車 —〈步行1分〉— ① 潮州日式歷史建築文化園區

—〈步行3分〉— ② 鼎昌號 —〈步行4分〉— ③ 屏東戲曲故事館 —〈步行4分〉— ④ Ai Niu

—〈步行3分〉— 公有停車場站租Pbike —〈單車4分〉— ⑤ 警察廟 —〈單車7分〉— ⑥ 泗林綠色隧道

—〈單車15分〉— ⑦ 三平咖啡 —〈單車5分〉— ⑧ 牛肉亮 —〈單車8分〉— 潮州火車站還車

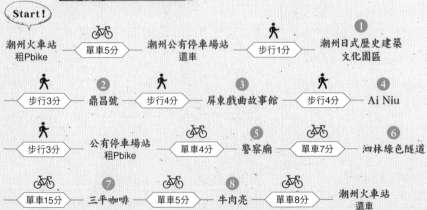

Start!

潮州火車站

到附近的Pbike站點借車吧！

1

屏東潮州

凝結和風歷史印記

潮州日式歷史建築文化園區

從熱鬧的圓環轉進延平路，開啟時空任意門，瞬間移動到日本。近百年歷史的雙併日式小屋原為日本官舍，見證了「林少貓抗日事件」，民國34年後作為公路局第三區工程處的基層職員眷舍，一甲子的生活記憶在住戶陸續搬遷後劃上句點。

走進以傳統工法原貌修繕的舊三工宿舍，被陽光曬後的榻榻米散發淡淡芳香，日式拉門和屋後廊台留下小鎮重要的歷史印記。另一棟黑瓦白牆建築從前是三工處員工的休憩娛樂所，曾設置福利社、理髮廳和醫務室，現在變身旅遊資訊中心，並提供免費借用的浴衣、貓咪頭套等道具，讓旅人留下特別的照片。

Info

add 屏東縣潮州鎮延平路30號

tel 08-789-4515

time 09:00-17:00，週一公休。

FB 潮州日式歷史建築文化園區

元宵燈會的可愛花燈搬移至園區展示。

彷彿走進日本巷弄，靜謐美好。

園區內還有許多尚未整修的日式宿舍。

鮮豔活潑的鯉魚旗壁畫與殘破的建築形成衝突美感。

一張張車票寫著鐵道回憶。

遊客中心內陳列老照片、書籍和老屋卸下的匾額。

配料均由自家熬煮。

聖代結合冰淇淋、冰沙、蛋糕和傳統甜湯料。

店內有許多和風擺飾。

招牌鯛魚燒餅皮酥脆，內餡料多實在。

2 屏東潮州

鼎昌號

吃冰不分四季，來一杯戰國英雄

傳統豆花甜湯店的第二代老闆發揮巧思，經典中求創新，為屏東物產施加和風魔法，從空間到冰品甜點都能感受日式風情。「戰國英熊」系列聖代結合抹茶冰淇淋、冰沙和傳統甜湯料；以鯛魚燒演繹萬丹紅豆的甜香，特調餅皮放冷後依然酥脆，加上白玉、奶油卡士達或宇治抹茶的變化型讓人陷入選擇困難；擺盤和命名花俏許多，實力派的裡子可沒忘記，堅持所有材料由自家熬煮，萬丹牧場產地直送牛乳，一滴水不加製成霜淇淋，料好實在才是鼎昌號一年四季都爆棚的關鍵。

Info

add 屏東縣潮州鎮文化路42號
tel 08-786-1295
time 10:00~21:45
FB 鼎昌號

3 屏東潮州

屏東戲曲故事館

解密傳統戲曲，回憶經典曲調

故事館輪流展出歌仔戲、布袋戲和皮影戲相關文物。

想看看歌仔戲後台長什麼樣子嗎？戲班子有什麼神祕禁忌？快到屏東戲曲故事館找解答。潮州以三大戲曲團聞名，包含明華園歌仔戲團、蘇家班明興閣布袋戲團，以及生前致力於推廣皮影戲與紙影戲的陳處世老師，也以潮州鎮為據點，因此故事館以三大戲曲的源流與演變為主題，輪流展出相關文物。展覽內容爬梳地方文化，建築本身也值得細細品味，和洋混合的L型建築原為舊潮州郵局，建於一九一六年，前棟是清水紅磚砌搭配洗石子的巴洛克式外觀，大器典雅，後棟則是和風木屋構造，為鎮上僅存的日治官署（庄役場）。

和洋混合的典雅建築，前身是舊潮州郵局。

重現歌仔戲後台的情景。

Info

add 屏東縣潮州鎮建基路58號
tel 08-789-3596
time 09:00~17:00，週一公休。

4

屏東潮州

Ai Niu

老宅的甜蜜療癒時光

雙層洋房在黃金串錢柳的綠蔭下靜靜走過六十多年歲月，曾經是懸壺濟世的中醫診所，改造變身療癒人心的甜點店，二樓陽台翠綠植栽搭配湖水綠瓷磚和半圓拱木窗，引人推門走入舊時光。

Ai Niu是潮州鎮人氣不墜的甜點店，手作甜點每日新鮮現做，每款都限量供應，堅持不使用香精，返璞歸真淬鍊食材原味，飲品使用的糖水、甜點需要的醬料也都親自熬煮。幸運搶下當日最後一顆草莓泡芙，蓬鬆酥脆的外皮包裹香草卡士達、鮮奶油和草莓混合的香氣，嚐一口立即被圈粉；無添加吉利丁的檸檬生乳酪則有慕斯般綿密口感，入口即化、甜酸協調，在舌尖上留一抹心滿意足的檸檬清香。

Info

add 屏東縣潮州鎮長興路45號

tel 08-789-0408

time 13:00~18:00，週一公休。

FB 潮州Ai Niu

講究食材原味，自熬糖水果醬，堅持不添加香精。

每日限量供應的甜點，每一款都誘人。

二樓舊沙發和半圓拱窗醞釀老時光氛圍。

一樓加入工業風元素，搭配湖水綠牆面，呈現時尚小清新的感覺。

假日人多才開放的和室區域。

5 屏東潮州

警察廟

神明也要乖乖值班

潮州分局後院的大榕樹下，有座獨一無二的警察廟，以三山國王為主神，同時供奉關公、土地公、中壇元帥、濟公等共5尊神像，據說警察處理刑案或車禍案後，一定先到警察廟拜拜後才回家，也曾有重大刑案因神明指示才順利破案。

小廟香火鼎盛，從前卻有段「落難神明」的故事。二〇〇三年，在地農民於水果集貨場拾獲這5尊被遺棄的神像，公告招領半年後無人認領，警局逐一詢問轄區內廟宇，也得不到回應，只好內部集資建廟收編神明。有趣的是，警察廟以擲筊方式經神明同意，每一神尊負責輪值一週，並製作了神明值班台和值班椅，想來靈驗的警察廟拜拜祈願，記得先打聽當週值星官！

警察廟每週有不同神明負責輪值。

Info

add 屏東縣潮州鎮中山路12號（潮州分局的後院）

6 屏東潮州

泗林綠色隧道

小葉欖仁編織翠綠夢境

熱力四射的南國豔陽下，泗林綠色隧道彷彿清涼舒爽的綠色天堂，筆直的柏油路不見盡頭，五百多棵小葉欖仁張開巨人臂膀，層層堆疊春天的鮮嫩，遮蔽囂張烘烤的炙熱陽光，視野向外展延，翠綠稻浪隨風舞動，舒展宜人的田園風光。

泗林綠色隧道位於台1線8大森林樂園的入口旁，長1.2公里，從前是糖廠5分車行經路段，現在是居民和遊客最愛的單車健行路線，假日還會舉辦小型市集，早晨和傍晚漫射入林的光線溫暖柔美，總吸引許多攝影人搶拍。

全長1.2公里的小葉欖仁隧道，騎車或漫步都涼爽舒適。

【TIPS】
此處屬於產業道路，可通行車輛，拍美照之餘須留意交通狀況，注意自身安全。

Info

add 屏東縣潮州鎮潮州路802巷

穿越日式庭園，走入東京江戶風情。

店內瓷磚、繪畫和一杯一盤皆出自老闆夫婦的創作。

想品嚐三平咖啡的午晚餐需事先預約。

7

屏東潮州

三平咖啡

啜飲一杯江戶浪漫

穿越日式庭園，掀起靛藍門簾，一腳踏入小型日本藝廊，在潮州生活感中發現日本文化的雅致之美。

老闆楊文正與日籍老闆娘在西班牙相遇相愛，旅外多年後返鄉定居，為了一解妻子鄉愁，在潮州打造東京江戶風的藏造建築，「三平」名稱則意含「平安、平順、平和」。學習藝術的倆人以美感妝點每個角落，鑲嵌彩繪玻璃、鈎織沙發巾、童趣人偶、手繪瓷磚、和風仕女圖、以及店內使用的陶杯陶盤全都是老闆夫婦的創作。餐飲傳遞樸實溫暖的味道，午晚餐的日式便當、下午茶的蛋糕鹹派也出自闆娘巧手，空間裡蘊藏靜謐，像在傳統日式喫茶店裡小口啜飲靜好歲月。

Info

add 屏東縣潮州鎮育才路89號

time 週一至週五11:30~17:30，週六、日及例假日11:30~20:00，週二公休。

tel 08-789-8363

FB Sanpei cafe三平咖啡

8

屏東潮州

牛肉亮

豪邁霸氣溫體牛肉湯

在地人也愛的老味道。

無論用餐時間與否，牛肉亮總是坐滿用餐人潮。溫體牛肉切片至一口大小的適當厚度，淋上沸騰滾燙的琥珀色牛骨高湯，粉紅色光澤是最適宜的熟度，肉質軟嫩、入口噴汁，高湯加入九層塔葉，略帶藥膳味的甘甜清爽，價格親民、用料卻豪不手軟，快滿出來的牛肉片表現不怕你吃的潮州氣魄。如果覺得牛肉太尋常，也有牛雜、牛心、牛肝、牛肚和牛腰可選擇。熱炒是另一個亮點，鮮嫩厚切肉片與潮州沙茶的熱情相遇，鑊氣十足、香味濃郁，沙茶牛肉一上桌，逼人馬上加點一碗白飯。

潮洲沙茶熱炒牛肉，香氣十足。

肉質鮮嫩的溫體牛肉。

Info

add 屏東縣潮州鎮光春路204號

time 06:00~18:00，週三公休。

tel 08-788-9122

小鎮漫騎，巷弄裡的在地日常

12

宜蘭羅東
一個人的羅東輕旅時光

明亮燦爛的夏季，正是玩宜蘭的好時機，隨興選一個天氣晴朗的日子，決定就到宜蘭羅東走走吧，愉悅度過一個人的輕旅時光。

text & photo MOOK

【關於宜蘭羅東】

抵達羅東，火車站附近有不少汽機車和單車出租店，因為羅東地勢平坦，決定以單車的速度享受羅東景色。整段旅途騎行起來毫不費力，而且途中還遇見意料之外的大片向日葵花海，為這趟羅東單車行增添更多驚喜。

從羅東鎮到五結鄉，美麗的文化園區濃濃的歷史況味讓人一見就愛，忍不住漫步逗留，細細品味，尋找屬於自己的獨特角度打卡留影。這份人文風情也延伸進老房子咖啡館，溫潤暖心的空間，足以舒緩整日騎行走逛的疲累，立刻又能恢復活力，投入晚間在羅東夜市的吃吃喝喝，以獨家的在地美味盡情滿足口腹之慾。

Start!

羅東車站租車 —（單車7分）— 1 羅東文化工場

—（單車10分）— 2 羅東林業文化園區

—（步行3分）— 3 林場肉焿 —（步行1分）—

4 魏姐包心粉圓 —（單車5分）— 5 中興文化創意園區

—（單車6分）— 6 二結穀倉稻農文化館 —（單車15分）—

羅東車站附近還單車 —（步行3分）— 7 這裡是咖啡店

—（步行8分）— 8 羅東夜市

Start！

羅東車站

☞ 在附近單車行租車吧！

1

宜蘭羅東

羅東文化工場

天空藝廊與橋樑的前衛空間

佔地4.3公頃的羅東文化工場，原本是陳舊的綜合運動場，經過建築師黃聲遠的操刀規劃，展現出全新風貌，曾獲各大小建築獎項，而其中最搶眼的非那座主體建築莫屬。以大量的耐候性鋼材、婆羅洲鐵木等工業風素材打造，長達一百一十四公尺的天空藝廊和蜿蜒橋樑構築起前衛空間，成為創意美拍的最佳背景，地上寫有SKY GALLERY半徑四百五十公分的大圓，更是打卡焦點。羅東文化工場不但是在地居民平日遊憩休閒的場所，亦定期推出多元展覽，豐富了旅人的視野。

Info

add 宜蘭縣羅東鎮純精路一段96號

tel 03-957-7440

time 館內空間週二至週日09:00~17:00，美學沙龍與天空藝廊週二至週五12:00至13:00休館一小時，國定假日除外。

web lcwh.e-land.gov.tw/Default.aspx

以棚架挑高的空間成為很好的乘涼場所。

寫著SKY GALLERY的地面是熱門拍照點。

懸吊在樓梯上的天空藝廊。

儲木池改造成生態池。

為運送木材鋪設的鐵道。

Info

add 宜蘭縣羅東鎮中正北路118號
tel 03-954-5114
time 園區詳細營業時間請上粉絲專頁查詢　FB 羅東林業文化園區

過去用來搬運木材的推車。

2
宜蘭羅東

重返日本林業時代
羅東林業文化園區

日治時代大正4年（一九一五）開始了太平山林業，一九二一年完成太平山森林運材鐵道，終點站就設在今天的羅東林業文化園區，也帶動了羅東的繁榮發展。這裡原是為太平山林場製材作業、貯木的場所，營林辦公廳與職員宿舍也設在這裡。一九八二年太平山伐木產業終止，二〇〇九年開始陸續將這裡保存的林業設施、聚落、貯木作業設施、載運機具等開放參觀。原有的儲木池變身生態池，池水與枕木交織成攝影師最愛的景色，還有退役蒸汽火車頭、老車廂、日式館舍更添懷舊氣息。

【TIPS】
自羅東林業文化園區沿中正北路往北騎行約1.4公里即達5.中興文化創意園區，途中會遇見一片美麗的花田，前方是橘亮亮的波斯菊，後方則綻放著明黃色的高大向日葵，向日葵整齊地朝向東方盡情盛開。如若不是騎乘單車，或許就會在車陣奔馳中錯過了這片美麗花海吧（花田位置在中正北路及光榮北路口）。

墨綠色的老車廂。

園區亦展示著退役蒸汽火車頭。

3

宜蘭羅東

林場肉焿

在地美味饗宴

來到宜蘭，自然要一嚐宜蘭人最愛的羹湯。在羅東林業文化園區對面的林場肉焿便是當地最知名的小吃，一九六一年創業近一甲子，品項只有肉焿加麵、米粉、粿仔、飯，卻依然能吸引排隊人潮。肉焿選用溫體豬肉，切成條狀醃製後裹上紅蕃薯粉，口感滑嫩。勾芡的湯頭十分濃稠，能長久保存湯的熱度，而湯頭的柴魚香氣更是林場肉焿滋味清爽的祕訣。

Info

add 宜蘭縣羅東鎮中正北路109號
tel 03-955-2736
time 07:00~17：30。
price 每碗NT$45

林場肉焿湯頭有淡淡的柴魚香。

只賣肉焿類的老店，品項單純人潮卻依然絡繹不絕。

4

宜蘭羅東

魏姐包心粉圓

夜市發跡的沁涼美味

大汗淋漓嚐完熱騰騰的羹湯，不到50公尺處便是羅東夜市發跡的魏姐包心粉圓林場店，當然得前進享受一下沁涼！粉圓心裡包裹的是整顆紅豆，吃起來十分討喜，加上細密的牛奶雪沙冰，並結合豆花、布丁、仙草等多樣搭配，一不小心就會選擇困難症發作，每樣都想試試看。為了避免粉圓遇到冰會變硬影響口感，還貼心地將冰品與粉圓分開盛裝，能慢慢品味多層次口感。

店門口擺放著魏姐包心粉圓的Q版立牌。

包心粉圓搭配牛奶雪沙冰，上桌時店家會貼心地分開盛裝。

紫色調的內用座位區。

Info

add 宜蘭縣羅東鎮中正北路127號
tel 03-956-6528
time 10:30~17:30
web www.weiheart.com

5

宜蘭羅東

拍攝廢墟風格美照

中興文化創意園區

前身是建於昭和十年（一九三五）的台灣興業株式會社，戰後由政府接管以國營事業的形式成立「臺灣中興紙業股份有限公司」，早期的造紙產量曾是東南亞第一。於二〇〇一年停工，二〇一四年宜蘭縣政府接手改造，偌大廠區活化成為文創展演之地。漂亮轉型的園區仍保有削片機房、煙囪鍋爐室、興創館等廠室建築，老舊滄桑的風貌，吸引許多人前來拍攝廢墟風格美照。部份廠房倉庫則規劃為微型文創產業的育成基地，販售藍染或木工特色商品，也可以報名參加DIY課程。

園區內販售木工等文創產品。

結合了親子藝文及餐飲的休憩空間「九號製造所」。

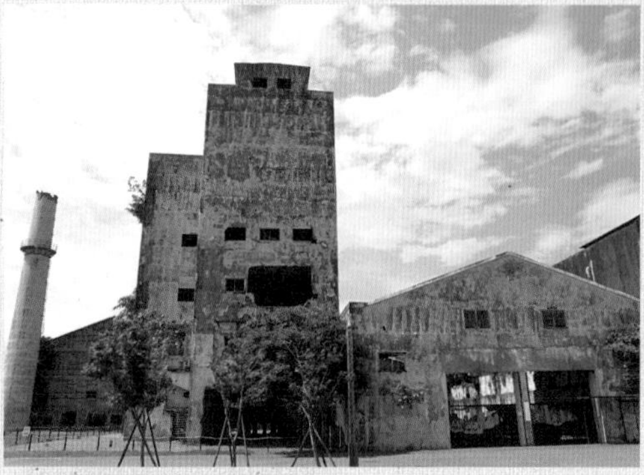
中興文化園區前身是造紙廠。

Info

add 宜蘭縣五結鄉中正路二段6-8號

tel 03-969-9440

time 10:00~18:00，週三公休。

web chccp.e-land.gov.tw

6

宜蘭羅東

穀倉裡的米的故事

二結穀倉稻農文化館

二結穀倉位在二結火車站鐵軌對面，建於昭和3年（一九八二），在二戰期間負責收購蘭陽溪南岸的稻穫，經後方碾米工廠生產線加工後，由一旁的二結車站送往基隆港，再運至日本或南洋。和洋混合建築的二結穀倉有三層樓，完整保存了日治時代穀倉空間建築，現列為三級古蹟。現在館內展示古早農村用品和機具，以及台灣傳統米食文化、台灣米的故事、農業俚語等等。館內還有一有趣的伴手禮，是由志工媽媽以手抄紙手工創作的福龜磁鐵，可愛模樣值得帶一個回家。

保留舊時結構。

穀倉為和洋折衷式建築。

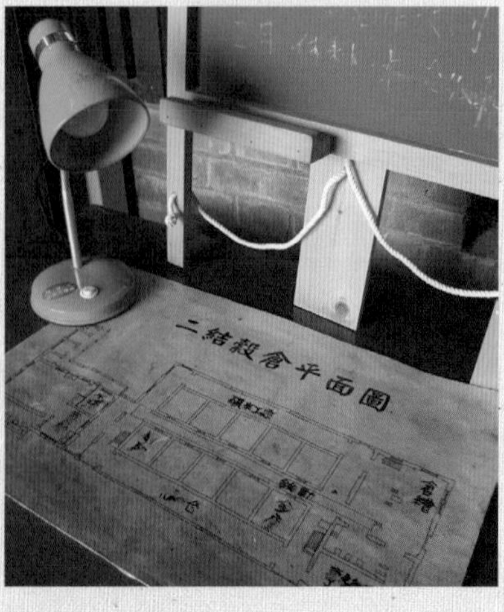

二結穀倉的平面圖。

Info

add 宜蘭縣五結鄉三興西路171號

tel 03-960-0277、03-950-1680

time 09:00~17:00，週三公休。

price 入園清潔費50元，贈一杯指定飲品。

web erjiebarn.blogspot.com

7
宜蘭羅東

老房子裡的小確幸
這裡是咖啡店The place

若非特意尋找，很可能就會忽略這處美好的咖啡館，老屋子特意打掉前方空間，留下大片空地，後退的房屋外觀保留斑駁裸露的磚牆，要不是定睛細瞧，還以為這裡是未完工的工地，但一旦發現「這裡是咖啡店」，立刻就愛上這廢墟一般的氛圍。

滿心期待入內，室內空間更讓人喜歡。暖心的燈光，溫潤的木色，平衡了水泥磚牆的冷調粗獷。上到二樓，又是截然不同的情調，屋頂全打掉改以透明天花板遮頂，自然光盡情灑落，還有流動的粼粼水光帶來清新沁涼感，空間明亮得像是在露天咖啡座享受悠閒，又猶如身處在玻璃屋裡品味著午後靜好時光。細細品嚐著用心製作的飲品點心，任何人似乎都能在這樣的咖啡館裡度過小確幸時光。

標示店名的招牌。

Info

add 宜蘭縣羅東鎮大同路19號
tel 03-953-4134
time 10:00~19:00，週二公休。
FB 這裡是咖啡店The place

自家製烤吐司跟特調氣泡飲。

水泥紅磚牆傳遞老屋況味。

Info

place 羅東鎮民權路、公園路、民生路
time 各店家不一，約17:00~翌日01:00。

羅東特色小吃「羅東卜鴨」。

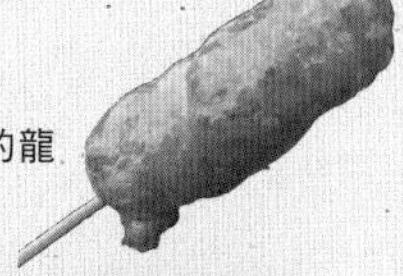
美味的龍鳳腿。

以油豆腐為外皮，包入各種食材的一串心。

8
宜蘭羅東

大啖蘭陽限定美味
羅東夜市

天色未全暗，羅東夜市就開始聚集人潮，人氣小攤更早已有人在排隊，返家前若仍元氣滿滿，那一定得到羅東夜市大啖蘭陽限定的美味小吃，卜鴨、糕渣、龍鳳腿、一串心、包心粉圓…就放手大吃特吃一通吧！

羅東夜市是來羅東絕對不可錯過的景點。

13

花蓮玉里

板塊交界追火車

稻田間的玉里小鎮，純樸安靜，踩踏雙輪蒐集在地人推薦的小吃，鐵橋邊追火車，玉富自行車道欣賞綿延遼闊的花東縱谷平原，從大陸板塊迎風騎向菲律賓海板塊。

text Cindy Lee **photo** 張晉瑞

【關於花蓮玉里】

玉里位於花東縱谷的中段，秀姑巒溪貫穿、海岸山脈與中央山脈環繞，花東鐵路、台9線和玉長公路在此交會，純樸安靜的小鎮卻是東台灣交通樞紐，因為交通便利，玉里總被視為下段旅程的起點，也許留點時間吃玉里麵，便匆匆啟程。這一次，決定租一輛單車，用時速15公里的緩慢探索小鎮。

從線條簡約的玉里火車站往南方出發，鮮紅色的客城鐵橋和向日葵花田開啟明亮的美好心情，轉進玉富自行車道，世界豁然開朗，遼闊田野自腳邊展延，白雲依偎著層層疊疊的山巒，即使冬季休耕期看不到萬頃綠波或金色稻浪的景觀，仍然心曠神怡，偶遇亮黃色油菜花田，更覺得驚喜。自行車道的盡頭是舊東里火車站，享用台9線上的無菜單農家菜後，可順便逛逛東里村，再原路返回玉里，別忘了用小鎮的美味臭豆腐犒賞自己。

Start!

玉里火車站租單車 —（單車6分）— 1 客城鐵橋 —（單車4分）— 2 玉富自行車道 —（單車30分）—

3 東里鐵馬驛站 —（單車1分）— 4 雞九屋私房特色菜 —（單車2分）— 5 邱家古厝 —（單車35分）—

6 橋頭臭豆腐 —（步行1分）— 7 小鎮日 —（單車6分）— 玉里火車站還車

Start!

玉里火車站

在這裡租車吧！

1

花蓮玉里

客城鐵橋

鐵道攝影祕境

查好經過玉里站的南下列車時刻，算準時間往火車站南邊的客城鐵橋前進。一望無際的稻田間，兩座相鄰的亮紅色高架拱橋特別醒目，半圓拱橋以向日葵花田為前景，山巒層疊的中央山脈為背景，火車行經鐵橋時，耀眼的黃、鮮豔的紅、翠綠的青山和藍天白雲構成高飽和度的經典畫面。

隨著四季更迭，客城鐵橋展現不同風情，冬季休耕期，金黃油菜花、向日葵或粉紅波斯菊花海嬌俏可愛；2月初、7月底插秧放水，可拍攝水田倒影；夏季和初秋，綠油油的稻田與紅橋對比強烈；5月下旬至6月、11至12月初，金黃稻浪搖曳豐收的喜悅。另一個最佳拍攝角度在更靠近玉里站的興農路陸橋上，建議以中長鏡頭捕捉火車穿越紅橋的正面景象。

Info

add 花蓮縣玉里鎮仁愛路一段294號附近

亮紅色半圓弧鐵橋勾勒四季鮮明的玉里印象。

無意間驚動田間水鳥展翅，場面壯觀。

秀姑巒大橋橫跨板塊交界。

最美的時刻在6月和11月，萬頃金黃稻浪隨風飛舞。

縱谷一望無際的稻田相伴。

更生路與鐵道交會處進入車道。

2 花蓮玉里

玉富自行車道

橫跨板塊交界的御風之路

玉里位於歐亞大陸板塊與菲律賓海板塊的交界帶，世界唯二的跨板塊橋樑就在台鐵玉里與安通站之間的秀姑巒大橋，半世紀以來，由於菲律賓海板塊逆衝抬升作用，每年約上升2至3公分。為避免影響火車行駛，一九八九年規劃改道，同時縮短客城地區的行車距離，玉里站至東里站間的舊鐵道則改建成「玉富自行車道」，成為獨一無二會「長高」的自行車道。

玉富自行車道單程約9.7公里，從更生路的鐵軌旁進入，終點是富里鄉的舊東里火車站。騎車轉進遠離馬路的單車專用道，林蔭路貼著小鎮的生活，與赤腳散步的居民、校園裡的歡鬧和遛狗情侶擦肩，不遠處即是秀姑巒大橋，停車與「板塊交界地標」拍下跨越板塊的瞬間照。乘著縱谷舒爽的涼風繼續前行，海岸山脈和中央山脈環抱阡陌交錯的平原，展開一幅隨季節變色的大地之畫，平坦的自行車道沒有難度、只有愜意自在隨行。

沿途少有遮蔽，夏季須做好防曬。

Info

access 出入口分別為東里鐵馬驛站，以及玉里火車站附近，更生路與鐵軌交接處。

面對遼闊的稻田與綿延山脈吹風放空，心曠神怡。

月台候車亭長出大樹，如童話繪本中的場景。

3

花蓮玉里

稻田中小車站

東里鐵馬驛站

自行車道接近舊東里火車站，視野逐漸開闊，一望無際的田野連接中央山脈，火車不再停靠的月台上，候車亭長出樹木，安安靜靜依伴縱谷稻田，像故事中的奇幻插畫。爬上月台眺望，藝術家優席夫受二〇二〇國際稻田藝術節的邀約，以大地為畫布，用彩色稻米種下大型創作「來自山的禮物」。

規規矩矩的舊火車站建築設置東里鐵馬驛站，販售紀念品和簡單飲品，樸實月台成為單車騎士最療癒的休憩所，坐在高於稻田的月台上吹風遠眺，春耕花海、夏季翠綠、秋收稻浪，四季各有風情，難怪東里被譽為「山線最美的車站」。

鐵馬驛站可供休憩。

Info

add 花蓮縣富里鄉大莊路183號
time 08:00~17:00
tel 03-883-1111

4

花蓮玉里

懷舊中創新的無菜單料理

雞九屋私房特色菜

雞九屋私房特色菜位於東里鐵馬驛站斜對面，由日治時代祖傳的農家房舍改建，外牆和內部掛滿舊時農作用具，營造懷舊氣氛。老闆（海爸）夫妻覺得自己像公雞與母雞，照顧著一家的子女，全家加起來又剛好九個人，所以取名「雞（G）九屋」，有趣的是，初次光臨的客人常常誤以為是日式居酒屋。

海爸將料理視為創作，開餐廳時就想打破鄉下辦桌的刻板印象，以傳統台菜、中菜為基底，加入南洋菜元素，稱為無國界料理更恰當。雞九屋只用在地當季的新鮮食材，沒有菜單和價目表，每人大約三百五十到四百元，由老闆娘搭配手路菜。當天兩人前往，四菜一湯包含皮脆肉多汁的泰式椒麻雞、甘甜鮮美的香菇雞湯和口感爽脆的芥藍臘肉炒野生黑木耳，前菜海鮮生菜卷則是越南春捲的變化型，最特別的是翡翠豆腐魚，一層豆腐、一層魚肉堆疊出雪白誘人的方磚，浸入翠綠色菠菜羹，融合魚的鮮美、豆腐的滑嫩和菠菜的風味，清淡卻層次豐富。

牆上掛滿傳統農具。

私房創意料理翻轉農家菜形象。

Info

add 花蓮縣富里鄉大莊路102號
time 10:00~14:00，16:30~20:30。
tel 03-886-1928（建議提前預約）
FB 雞九屋(G九屋)創意美食

5

花蓮玉里

邱家古厝

深藏鄉村的文化底蘊

Info

add 花蓮縣富里鄉道化路32號

邱家人已搬遷至城市，現在古厝由基金會維護。

雕花斗拱彰顯邱家的身份地位。

木雕窗花精緻華美。

東里村平凡的民宅中隱藏一棟藝術寶庫，儘管漆料早已斑駁，從雅緻的竹節石雕廊柱、繁複精緻的雕花斗拱、鏤空木雕窗花仍可看出舊時華美。古厝主人邱安德在東里村開設「養元中藥房」而致富，昭和3年（一九二八）起建房舍彰顯家族及社會地位，邱安德自行設計並聘請中國匠師來台建造，歷時兩年才完工，為標準的唐山式建築。正廳以大船入港為主題的西洋畫彩繪，反應日治現代化的進程，邱家古厝被推崇是花蓮縣藝術價值最高的古厝，已列為歷史建築。

6

花蓮玉里

橋頭臭豆腐

臭豆腐王牌寶座

橋頭臭豆腐彷彿是玉里旅遊的S.O.P，旅人有默契的在此集合，一到店內必得眼明手快搶號碼牌。熱燙燙的臭豆腐外皮酥脆，內裡軟嫩，訣竅是經過不同油溫的洗禮，配料醃蘿蔔絲和泡菜爽口解油膩，酸度適中、份量十足，最特別的是撒上少許九層塔，味覺體驗瞬間倍數提升。切好的臭豆腐吸飽蒜頭醬油，連同蘿蔔絲一起入口，爽脆酥香在舌尖炸出臭豆腐王牌的美味寶座。

沒吃一口橋頭臭豆腐，似乎不算來過玉里。

小店內人潮總是絡繹不絕。

Info

add 花蓮縣玉里鎮民權街15號

time 15:00~22:30

tel 03-888-2545

空間淨白簡單，溫柔傳遞小鎮的閒緩。

Info

add 花蓮縣玉里鎮民權街50號

time 12:00~19:00，店休日會公布在店家粉絲專頁上。

FB 小鎮日

7

花蓮玉里

小鎮日

享受清新素雅小日子

白紗布幔柔和小鎮日的光線，空間寬敞、寧靜簡約，白牆點綴乾燥花和畫作、木桌椅和老櫥櫃營造舒心氣氛，彷彿吹過小鎮的微風，清新而令人眷戀。台北女孩和玉里男孩攜手合作，以自家培養的天然酵母烘培歐式麵包，口感鬆軟有彈性，每天限量2種口味，手作甜點也依當日提供為主，小店氣氛輕鬆，老闆也營運的隨性，似乎只想與推開門的人分享小鎮的悠閒日子。

隔絕溽暑與喧囂，預約午後舒心時光。

每日限量手作麵包和蛋糕，沒有花俏的外表，每一口都是樸實溫暖的滋味。

14

花蓮瑞穗

柚香乳香交織的溫泉鄉

避開觀光人潮，進入台9線最常被忽略的小鎮，牧場喝杯鮮純牛乳、柚子果園玩DIY、「生男之泉」療癒身心，單車慢遊溫泉鄉，溫暖整個冬天。

text & photo Cindy Lee

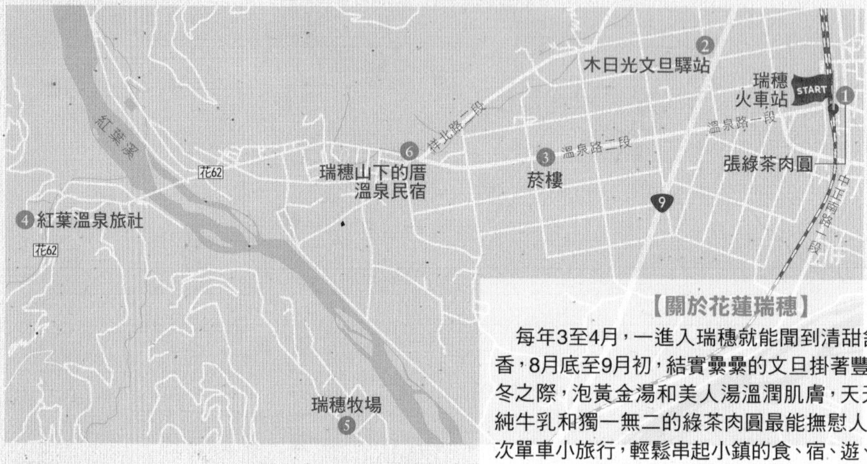

【關於花蓮瑞穗】

每年3至4月，一進入瑞穗就能聞到清甜舒爽的柚花香，8月底至9月初，結實纍纍的文旦掛著豐收美景，寒冬之際，泡黃金湯和美人湯溫潤肌膚，天天現擠的香純牛乳和獨一無二的綠茶肉圓最能撫慰人心。規劃一次單車小旅行，輕鬆串起小鎮的食、宿、遊、樂。

順著筆直的溫泉路朝山腳下騎行，瑞光禪寺以前都是無感的緩上坡，可盡情享受恬靜的田園風光。沿途欣賞荒廢的菸樓，到達出產紅葉少棒隊的紅葉國小，代表已進入萬榮鄉紅葉村的範圍。經過純樸可愛的部落，在紅葉大橋上短暫休息，眺望蜿蜒青山間的紅葉溪，接下來直到紅葉溫泉的上坡，將面對體力小檢測，氣喘吁吁後，剛好浸浴百年溫泉舒緩身心。回程跟著指標轉進瑞穗自行車道的富興田園線，穿越人煙稀少的森林，彎轉於上上下下的小徑，終於抵達瑞穗牧場，值得用一杯冰涼鮮奶獎勵自己，最美好的句點是入住溫泉區民宿，用身體好好記住瑞穗的溫度和氣味。

Start!

瑞穗火車站租單車 —（單車2分）— ① 張綠茶肉圓 —（單車7分）— ② 木日光文旦驛站 —（單車13分）— ③ 菸樓 —（單車15分）— ④ 紅葉溫泉旅社 —（單車30分）— ⑤ 瑞穗牧場 —（單車16分）— ⑥ 瑞穗山下的厝溫泉民宿 —（單車15分）— 瑞穗火車站還車

Start!

瑞穗火車站

在這裡租車吧！

Q彈肉圓皮散發淡淡綠茶芳香。

Info

add 花蓮縣瑞穗鄉中正北路一段22號

time 10:30~14:00，16:00~20:00。

tel 03-887-2215

1

花蓮瑞穗

全台獨創綠茶肉圓 張綠茶肉圓

「綠茶」和「肉圓」這兩個八竿子打不著的名詞在瑞穗小吃店相遇了。隨便抓個瑞穗人推薦美食，都會指向張綠茶肉圓，張老闆本身經營茶行，承接父母的肉圓店時突發奇想，製作粉漿皮時加入綠茶粉，創造出全台獨一無二的綠茶肉圓。每天現做的肉圓皮厚薄適中，炸過後Q彈有嚼勁，艾草綠的外皮包裹豬肉和竹筍塊，內餡調味不算太重，能品嚐到淡淡綠茶香，與糯米熬煮的粉紅色甜醬汁也相當合拍。

2

花蓮瑞穗

賞花採柚農家樂 木日光文旦驛站

爬上柚子園的小山丘，木日光文旦驛站的管理人楊淑惠指著海岸山脈和鶴岡村，娓娓道出鶴岡文旦柚的源起，她帶領我們走進柚子樹叢油亮的綠葉間，找尋早開的白色柚花，待3至4月盛開時期，遠遠地就能聞到空氣中漫溢清雅柚花香。文旦柚大約集中在24節氣中的「白露」前後10至15天採收，8月底至9月初是驛站最忙碌的時刻，寬敞的空間成為產銷班集貨場，堆滿一座座文旦小山丘，並開放果園讓訪客自由採果；非產季時，為了不讓空間閒置，開放預約柚鄉導覽、柚農體驗、DIY手作、柚香野炊等活動。

楊淑惠希望訪客戴起斗笠、捲起袖子感受農村樂，根據不同季節安排「疏枝、疏花、疏果」等農事體驗；手工熬煮柚子果醬、用柚花彩鹽自製美麗獨特的紀念品；或是到菜園親手採摘野菜，青蔥、枸杞葉、地瓜葉、玉米…等都是「柚香野炊」最新鮮的食材。走進木日光文旦驛站，視覺、嗅覺、味覺和觸覺全是文旦柚的黃綠與清香。

每年9月初，結實纍纍的柚子果園開放採果。

非產季可體驗果醬DIY、柚香野炊等活動。

Info

add 花蓮縣瑞穗鄉北一路121號

time 預約制

tel 0972-507182、03-887-2838

3

花蓮瑞穗

見證菸葉歷史 菸樓

日治時期，菸葉又稱作「綠金」，具高度經濟價值，早期製菸是日本人的專利，聘用在地人種植及燻製菸葉，瑞穗當時就是菸葉生產地，菸田主要分布於瑞祥村。民國六〇年代是種植菸葉最興盛的時期，各村落菸樓林立，烘烤後的菸葉則送往鳳林販售，菸葉蕭條後，目前僅存14棟保存較為完整的菸樓。

順著溫泉路前往紅葉溫泉的路上，轉進全家便利商店對面的巷弄，一棟棟廢棄菸樓殘破滄桑，擋雨板和木窗櫺的油漆早已斑駁，夯土牆龜裂剝落，青苔佔據黑瓦，只有排煙太子樓堅持挺住當時模樣，無聲地提醒著往來旅人那個製菸黃金年代。

荒廢頹圮的菸樓紀錄小鎮當年繁榮。

夯土牆小菸樓。

Info

add 花蓮縣瑞穗鄉溫泉路二段210巷

4

花蓮瑞穗

浸浴百年懷舊原湯 紅葉溫泉旅社

木造溫泉旅社猶如日本的深山祕湯。

周圍環境清幽。

紅葉溫泉與瑞穗溫泉僅相隔一條紅葉溪，不僅隸屬不同行政區，泉質也迥然相異。紅葉溫泉為碳酸氫鈉泉，湧出地表約為58°C，泉質清透無臭，洗浴後肌膚光滑柔潤，又有「美人湯」之稱，自日治時期就聲名遠播，民國8年曾是日本警察療養所，光復後才擴建成紅葉溫泉旅社。長型日式木造平房依偎著翠綠青山，靜謐猶如日本深山中的祕湯，狹長走道旁是傳統榻榻米房，和式拉門的通鋪房型提供休憩所。露天湯池為男女混合，需穿著泳衣，簡單的個人湯池像五、六〇年代的浴室，鵝卵石馬賽克彩色瓷磚拼貼的浴缸散發濃濃懷舊風情。

日光爬上和室拉門，旅社的時間似乎未曾前進。

Info

add 花蓮縣萬榮鄉紅葉188號
tel 03-887-2176
web www.188hy.com

5

花蓮瑞穗

產地到餐桌零距離

瑞穗牧場

純淨的水質、新鮮的牧草，讓瑞穗牧場的乳牛生產出優質鮮奶，因為暢銷全台的瑞穗鮮乳，瑞穗牧場成為許多人對瑞穗的第一印象。瑞穗牧場是一個適合親子同遊的觀光牧場，體驗餵牛吃牧草充滿樂趣，但對於繞行山路而來的單車旅人，餐飲部才是行程重點，每天現擠現煮的新鮮牛奶、鬆軟的鮮奶饅頭、或是濃醇鮮乳冰淇淋，每樣都難以割捨，看著眼前綠油油的廣闊牧場，口中嚐到的新鮮再次升級。

鮮乳冰淇淋乳香濃郁，一解騎行的暑氣。

體驗餵乳牛吃牧草的樂趣。

Info

add 花蓮縣瑞穗鄉6鄰157號

time 週一至週五 09:00~18:00，週六、日 08:00~17:00。

tel 03-887-6611

6

花蓮瑞穗

療癒黃金湯之夜

瑞穗山下的厝溫泉民宿

「瑞穗山下的厝溫泉民宿（簡稱山下的厝）」位於瑞穗溫泉區內，古色古香的客家老宅坐落虎頭山腳下，喜愛古物的長輩原本為了退休居住而購買，因太多朋友拜訪借住，乾脆掛上「山下的厝」木招牌，開啟老宅溫泉旅宿生活，並成功申請為花蓮第一間合法民宿。

推開老宅木門，八卦木窗框、優雅的鐵花窗、刻寫歲月的藥櫃散發樸質古韻，轉個彎往屋後繞，兩棟被綠意包圍的現代白色幾何建築立刻衝擊視覺。二代經營者Terry和Alma接手管理後，花了4年與建築師溝通才完成嶄新的住宿區，房間則以粉光水泥、木質地板和折射光源呈現低調簡約風格，兩側巧妙開設採光氣窗，不但能幫助空氣流通，日光隨時間游移入內，光影成為空間的自然美妝師。

每個房間都有寬敞的半露天溫泉池，面對虎頭山的蔥鬱和清新空氣，泉水抽取地底原汁原味的黃金湯泉，絕不使用回收或再加熱的溫泉水，「因為回收系統太貴了。」老實的Alma不好意思笑著。戶外公共湯泉被森林包圍，天氣晴朗的夜晚，浸浴在氤氳泉池中仰望星空，耳邊只有潺潺流水和蟲鳴鳥叫，愜意悠閒的忘了時間。

Info

add 花蓮縣瑞穗鄉溫泉路三段137號

tel 03-887-0203

web www.sunshinehotspring.com

翠綠青山下享受黃金湯泉。

每個房間皆配置半露天大浴池。

15

台東池上
天堂路的慢速風景

踏上自行車，迎向吹起稻浪的風，呼吸縱谷的清新芳香，穿越池上的翠綠與金黃。
小鎮的悠閒停留在大坡池畔，生活感藏匿在田邊的洗衣亭、巷弄的豆腐店和老街上的咖啡館。

text Cindy Lee **photo** 張晉瑞．Cindy Lee

【關於台東池上】

如果島內有個接近天堂的地方，應該叫做池上吧！白雲親吻著山脈，光影為縱谷上色；稻田彩繪大地畫布，白鷺鷥自由翱翔。稻米在田間茁壯，藝術在土地上發芽，從一望無際的稻田騎進農村的人情味，即使觀光發展帶動越來越多的商業活動，池上沒有忘記純樸真摯，仍然在巷弄田邊悠緩生活。

池上的土會黏人，青年返鄉、城市人島內移居，陸續開張的個性咖啡館點亮小鎮夜晚，用食材和對土地的關懷接上地氣；藝術家駐足，從結合人文與自然的農田景觀擷取靈感，田邊水岸穀倉中留下自然素材的創作；沒有目的地的騎單車閒逛，邂逅洗衣亭、老戲院和舊磚窯廠，閱讀農村小鎮的文化脈絡。伯朗大道和天堂路之外，池上有懷舊、有創新、有美食、有藝術，還有更多值得拜訪的理由。

Start!

池上火車站 租單車 —〈單車1分〉— ❶ Bike De Koffie 米貝果 —〈單車5分〉— ❷ 大坡池 —〈單車10分〉—

❸ 錦園洗衣亭 —〈單車4分〉— ❹ 稻米原鄉館 —〈單車2分〉— ❺ 萬安磚窯廠 —〈單車2分〉—

❻ 天堂路&伯朗大道 —〈單車12分〉— ❼ 大觀亭 —〈單車15分〉— ❽ 穀倉藝術館 —〈單車4分〉—

❾ 福原豆腐店 —〈單車2分〉— ❿ 五洲戲院 —〈單車3分〉— ⓫ 走走池上 —〈單車4分〉— 池上火車站 還車

Start!

池上火車站

在這裡租車吧！

1

台東池上

老宅中遇見米鄉風土

Bike De Koffie米貝果

小屋前停放阿洋創業時的腳踏車。

Info

add 台東縣池上鄉鐵花路14號

time 09:00~18:00，週二公休。

tel 0980-868945

台北返鄉的老闆阿洋（郝朝洋）從騎腳踏車賣手沖咖啡開始創業，後來在火車站斜對面找到可愛老宅，以復古紅磚、木質家具和隨處可見的動物玩偶營造家庭般的溫馨氣氛，日式鄉村雜貨風的小屋裡烘烤米貝果，初衷是為了讓旅人愛上池上米，用米做的點心黏住每個人。

米貝果有原味、紫米、紅烏龍、蜜香紅茶、客家擂茶、初鹿牛奶、山豬地瓜、Oreo等8種口味，每日供應1到3種。烤過回溫的米貝果香氣撲鼻，一入口就臣服於紅烏龍的淡香，越嚼越見米香，不硬不乾，是壓下去會回彈的紮實Q軟，推薦必點的是果醬佐貝果，抹上自製鳳梨奇異果醬，甜味中蘊藏天然水果的酸，濕潤的米貝果味道更豐富，喜歡鹹食的人則可以選擇白醬鮪魚或茄醬青椒，吃起來像更有嚼勁的比薩。

焗烤白醬鮪魚米貝果，美味又飽足。

日式鄉村風呈現質樸溫馨的生活

阿洋用貝果讓旅人認識池上米的香氣。

隨處可見可愛的雜貨小物。

每日供應不同口味的米貝果。

2

台東池上

大坡池

水天一色的池上之心

「池上」地名起源於大坡池，池上的美也從大坡池揭幕。

大坡池為斷層活動形成的池塘，原名「大陂」，又稱「大埤」，早期在地人常划竹筏捕撈魚蝦維生，曾以「池上垂綸」列為臺東十景之一。水源來自新武呂溪沖積扇末端的伏流，池水向北流出，成為秀姑巒溪源頭之一，終年不涸，有調節池上地區水位的功能，純淨的土壤和水質孕育豐富動植物生態，大坡池成為花東縱谷最大的湖沼濕地，約有百種鳥類棲息。

從小鎮進入大坡池，入口廣場的「樂賞大坡池音樂館」為音樂欣賞、演奏及舉辦講座的藝文空間，古典音樂悠揚迎接。單車御風繞行大坡池畔，湛藍水面如鏡，倒映藍天、白雲和蔥鬱山巒，似上帝精心彩繪的山水油畫，美的不真實。東北角荷花池因季節枯萎，由藝術家Talaluki志明創作的漂流木老人雕塑呈現「願者上鉤」的超然，獨坐岸邊垂釣一池靜謐，相較於遊人如織的伯朗大道，大坡池更能體驗小鎮悠閒。

山光水色，如若純淨無染的世外桃源。

釣魚老者是縱谷大地藝術季的創作。

漫步湖畔木棧道，感受池上悠緩步調。

大坡池有調節池上地區水位的功能。

Info

add 台東縣池上鄉忠義街1號（樂賞大坡池音樂館）

time 全日開放

tel 08-986-5620

池上錦園仍保留農家利用田邊灌溉溝渠洗衣的傳統。

3

台東池上

田邊洗衣趣
錦園洗衣亭

順著環圳自行車道往伯朗大道方向前進，兩層樓高的錦園洗衣亭在收割後的田邊特別突出。傳統農村聚落中，村里媽媽們常利用早晨或傍晚到田邊洗衣服，順便聊聊八卦家常，宛如田邊俱樂部，池上錦園地區至今仍保有這種純樸的農村景象。新建的公共洗衣亭在灌溉溝渠正上方，底層貼心規劃獨立洗滌空間和洗衣板，還能避免日曬雨淋，走上二樓，遼闊的稻田像巨大地磚，一格一格展延至山腳，中央山脈橫亙綿延，景觀絕佳。

一格一格的洗衣板方便農村媽媽洗滌。

洗衣亭二樓遠眺中央山脈和稻田。

Info

add 台東縣池上鄉忠孝路335號附近

4

台東池上

稻米原鄉館

農村生活體驗

騎累了，喝杯冷飲眺望一望無際的稻田。

一樓販售在地小農農產品和池上米。

稻米原鄉館位於萬安社區的入口，使用農會的閒置倉庫改建，由萬安社區發展協會與田裡工作的農民共同經營。空間挑高明亮，手編茅草屋展示傳統農耕用具，老照片訴說耆老的牛耕故事，在地小農的米、有機農產加工品是最天然的伴手禮；走上二樓餐飲區，圓拱木窗擷取萬安農田的風景，喝一口使用池上有機糙米、樹薯粉和黑糖特製的米珍珠紅烏龍，點一份重現早期客家農村互助共食精神的割稻飯，舌尖上的農村蘊藏在地人情味。

樹薯粉包裹有機糙米製成特殊的米珍珠。

傳統農具認識農村生活。

Info

add 台東縣池上鄉萬安村1鄰1-12號

time 週一至週日09:00~17:00，週二公休。

tel 08-986-3689

web wanan197.okgo.tw

全盛時期是花東縱谷區的主要供應廠。

頹圮紅磚牆爬滿植物，另有一番殘破美感。

5

台東池上

萬安磚窯廠

紅磚古窯廢墟風

走進遊客稀少的萬安社區，在廢棄磚窯廠殘破的紅磚牆間駐足，爬梳人工造磚產業的興盛與沒落。萬安磚窯廠於一九五四年建廠生產建築用紅磚，一九七四年莊訓祥先生接手後達到高峰，每月產量高達三十六萬塊磚，並銷售到富里、海端、池上、關山等地，之後受到原料開發殆盡、現代化自動磚窯廠的低價衝擊，於一九九五年停工閉廠。

二〇〇三年因大地震倒塌大半磚窯，經過搶救，前5目恢復當年樣貌，後方雜草叢生的紅磚窯呈現另一種廢墟之美。

目前已重修5座紅磚窯。

Info

add 台東縣池上鄉1-23號

tel 08-986-2256

Info

place 台東縣池上鄉錦新三號道路
（詳見P.96地圖）

大型畫框凝結伯朗大道的四季。

S型天堂路向遠方小鎮延伸。

6

台東池上

通往天堂的自行車道
伯朗大道&天堂路

很少人知道錦新三號道路在哪裡，卻一定都認識伯朗大道。全長約2.2公里的道路筆直指向中央山脈，兩側沒有任何電線桿和人工建築，只有依四季變化的農田景觀，2月春耕，新插秧苗的的水田映照藍天白雲；4至5月、9至10月夏耘，微風吹拂百頃脆綠稻浪；5月至6月、10月底至11月秋收，縱谷染上喜悅的金黃；1月則有機會見到黃澄澄的油菜花田。伯朗大道和天堂路是旅人拜訪池上的主因，無論何時總是人潮不斷，金城武拍攝廣告的茄苳樹和伯朗大道入口的畫框總是擠滿遊客，二〇一九年舉辦縱谷大地藝術季，在天堂路入口設置藝術家撒部·噶照的創作《自然療癒》，海洋波浪的線性流動圈繞S型蜿蜒的天堂路，也成了最受歡迎的拍攝角度。

維護這片結合人文與自然的美景其實不容易，池上鄉公所與七百多位農民溝通取得共識，將伯朗大道和天堂路為經緯的一百七十五頃農田列為文化景觀「池上萬安老田區」，農地上不增建農舍，並禁止機汽車進入伯朗大道和天堂路，凝聚眾人之力，保持這塊純淨質樸的縱谷天堂。

農田旁種植的茄苳樹，因曾與金城武和蔡依林合影而成名。

藝術結合地景，勾勒如夢似幻的畫面。

冬季休耕期，金黃色油菜花妝點縱谷。

7

台東池上

浮圳上的遠眺
大觀亭

為了解決平原部分區域地勢較高、灌溉不易的問題，日據時期建造「浮圳」，讓灌溉水圳高於地面，進而擴大水田耕作面積，至今已有九十多年歷史。高於地面6公尺的大觀亭搭建於浮圳之上，登上木造涼亭，瞬間被一百七十五公頃的稻田四面八方包圍，一望無際的田園風景，無絲毫人工建築干擾，流水潺潺、縱谷的風徐徐吹送，令人心曠神怡，由於四周完全無光害，夜晚也是觀星賞月的好地點。

Info

add 台東縣池上鄉錦新二號道路

日治時期建造的水圳高於地面，擴大灌溉面積。

木造涼亭建於浮圳之上。

周圍完全無光害，夜晚適合觀星。

大觀亭景致遼闊，萬安地區農田在腳下鋪陳展延。

老穀倉改建成簡約明亮的美術館。

內部展示駐村藝術家創作。

台灣好基金會將藝術植入池上生活。

8 台東池上

在池上土地種下藝術

池上穀倉藝術館

低調沈穩的長型平房建築，隱約帶點京都風味，透明廊道引入自然光線，簡約白淨的空間展示藝術家的創作，似乎不可能出現在東部小鎮的美術館，坐落在池上鐵道旁，卻又毫無違和。

建築前身是建於一九五八年的老穀倉，原為多力米公司老闆梁正賢的祖父興建，當台灣好基金會萌生為池上留下一座美術館的想法，梁正賢立即提供閒置老穀倉並自費改建，委託建築師陳冠華設計改造，保留原有的木樑結構，再以鋼構強化，改變穀倉的封閉性，讓空間符合藝術展覽所需的明亮通透。

池上穀倉藝術館於二〇一七年12月開幕，由台灣好基金會經營管理，除了展示駐村藝術家的作品，也是推廣藝術教育的平台和空間、在地居民的交流空間。穀倉曾經是老池上人共同的回憶，重生後變成小鎮的新地標，保存過去生活的紋理，延續未來發生的故事。

Info

add 台東縣池上鄉中西三路6號
time 詳細營業時間見官網公布。
tel 08-986-2089
web artchishang.org.tw

9 台東池上

小巷裡神祕飄香

福原豆腐店

福原國小舊教師宿舍附近，平凡小巷弄遊客卻絡繹不絕，都是為了尋找福原豆腐店。福原豆腐店是五十多年的豆腐專賣老店，老闆娘為了處理賣不完的豆腐，試圖以有機蔬果發酵製成臭豆腐，卻無意中研發出沒有臭味的「香豆腐」，近幾年才轉型賣炸香豆腐。

金黃色的炸香豆腐上桌，光是賣像已勾魂，外皮薄而酥香，內層豆腐多汁水嫩，建議先嘗試未沾醬汁的原味，品味口中發散的淡淡豆香，再配上自製醃蘿蔔絲一起入口，酸脆爽口正好中和油炸的重口味。炸香豆腐現點現做，等待的時間別錯失山葵豆花和豆漿。使用非基改黃豆的豆漿，濃醇味香，綿密細緻的豆花淋上山葵醬油，以微微辛辣的阿里山山葵調和手工醬油的鹹香，更凸顯豆花本身的甜，是種顛覆想像的味覺體驗。

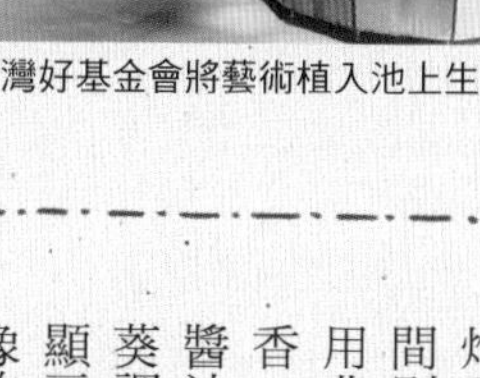
人潮不歇的小店。

Info

add 台東縣池上鄉中西三路70號
time 10:00~18:00，週二公休。
tel 08-986-2413

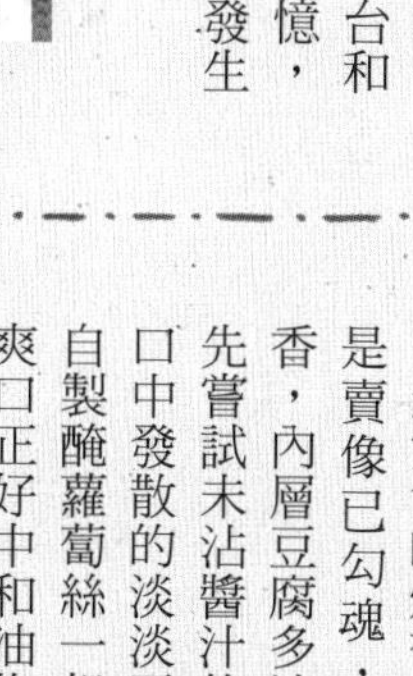
山葵豆花口味獨特。

有機蔬果發酵，製成沒有臭味的「炸香豆腐」。

10

台東池上

五洲戲院

停止轉動的老膠卷

老池上人只要聊起五洲戲院，個個有說不完的瘋狂青春少年時。六〇年代是池上經濟發展的黃金期，開發處、糖廠帶來無數的就業人口，西部商人也將池上當作農產採購中心，興建於民國54年的五洲戲院是當時的娛樂中心，戲院內有四百人的木座椅，還能容納四百五十個站位，雖然鄉下看的是「3輪片」，需等台北戲院下檔一、二年後才輪的到池上，放映時仍然場場爆滿。隨著鐵路發達和經濟型態改變，外來的工作人口逐漸離開，看電影的人越來越少，終於在民國71年歇業。

二〇一三年福原社區的居民曾發起復興五洲戲院的活動，舊戲院老闆何明政無償提供建築，居民出錢出力整建外觀，還找來當年繪畫電影看板的老師父魏期章，畫上「八百壯士」和「小城故事」的巨幅海報，稍微恢復戲院風華。可惜，當初規劃藝文特區的夢想未竟，多年過去後，牆壁屋頂皆已坍塌，內部野草蔓生，僅剩門面和水泥放映室堪稱完整，盛載著老一輩的回憶。

售票口上可見當年的票價和播放時間。

Info

add 台東縣池上鄉中華路20號

如今僅剩售票口門面堪稱完整。

社區居民曾試圖恢復戲院風華，重新粉刷招牌看板。

放映室孤零零留在荒煙漫草間。

戲院屋頂牆壁已倒塌毀壞。

破舊戲院與門口嶄新的池上觀光公仔成強烈對比。

店內猶如小圖書館，藏書顯示老闆的品味。

走走池上是工作室、選品店、也是咖啡館。

Info

add 台東縣池上鄉中山路99號
time 詳細營業時間見粉絲專頁公布。
tel 0986-367216
FB 走走池上

幸運的話能品嚐到季節限定隱藏版甜點。

11

台東池上

走走池上

在池上過生活

老闆大白（羅正傑）因旅行而認識池上，二〇一五年，在朋友的鼓勵與介紹下，與這間前身是診所的六十年老房子相遇，留在自己喜歡的地方，持續進行城市的設計工作，走著走著，就走進了池上的生活。

走走池上是工作室、也是一個半開放式空間，原本只作為與在地朋友交流的場域，夥伴依真的加入和朋友們的慫恿下，老屋又多了咖啡館的身份。店內一切擺設和選物只是忠實呈現倆人喜好，從台灣各地挑選自己中意的咖啡豆、甜點品項看當天心情決定、架上提供翻閱的千本書籍都是私藏，「我們不會太討好客人，就是與大家分享我們喜歡的生活。」

結束一整天的池上探索，挑一本書坐下閱讀，很愜意；喝到依真推薦的手沖咖啡，很療癒；農會正好上架新鮮草莓，所以有隱藏版草莓巧克力戚風，很幸運。

用一杯咖啡的時間品味緩慢生活。

老闆大白在池上看見理想的生活，從此留下來。

○舊草嶺環狀自行車道
○三坑鐵馬道
○新屋綠色走廊
○新竹17公里海岸線
○台中清水
○后豐鐵馬道&東豐自行車綠廊
○日月潭環湖自行車道
○安平堤頂自行車道
○高雄旗津
○大鵬灣環灣自行車道
○宜蘭南方澳
番外—慢騎鐵道自行車：深澳&舊山線

part

2 水岸追風，山海河的相遇

從淺山溪流到蔚藍大海，從平靜無波的湖水到星羅密布的運河水道，呼吸清新濕潤的氣息，騎進島嶼最美的風景。

水岸追風，山海河的相遇

01

新北福隆｜舊草嶺環狀自行車道

地質奇景引領山水之勝

這條呈環狀的自行車道，沿途有山、有海、有地質奇觀，可穿越隧道、寧靜漁港，登上視野絕佳的燈塔，也有不同型態的美食選擇，非常適合親子同行，以不同的角度盡賞台灣之美。

text 蒙金蘭 **photo** 何忠誠

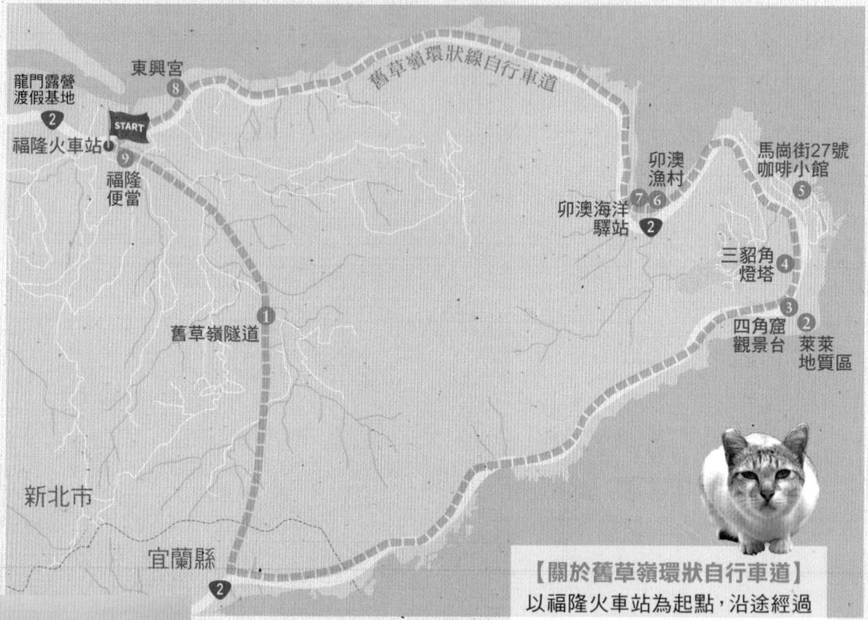

【關於舊草嶺環狀自行車道】

以福隆火車站為起點，沿途經過舊草嶺隧道、萊萊地質區、三貂角燈塔、卯澳漁村等，最後又回到福隆火車站，全程長達20公里，景觀多變，是一條趣味多元的單車路線。

Start!

福隆火車站租車 — 單車8分 — ❶ 舊草嶺隧道 — 單車24分 — ❷ 萊萊地質區 — 單車2分 — ❸ 四角窟觀景台

— 單車10分 — ❹ 三貂角燈塔 — 單車7分 — ❺ 馬崗街27號咖啡小館 — 單車10分 — ❻ 卯澳漁村

— 單車1分 — ❼ 卯澳海洋驛站 — 單車17分 — ❽ 東興宮 — 單車5分 — ❾ 福隆便當 — 福隆火車站還車

Start!

福隆火車站

在附近租車吧！

1

新北福隆

舊草嶺隧道

鐵道路線轉型鐵馬限定

舊草嶺隧道是指位於新北市貢寮區和宜蘭縣頭城鎮交界處的一段隧道，總長兩千一百六十七公尺，日治時期曾經是東南亞最長的鐵路隧道，直到一九八五年新草嶺隧道通車後才改變身分，轉型成風情獨特的自行車道，繼續它不同的歷史任務。舊草嶺隧道目前屬於宜蘭縣的縣定古蹟。

隧道位於新北貢寮和宜蘭頭城交界處。

舊草嶺隧道目前屬於宜蘭縣的縣定古蹟。

昔日的鐵道目前是自行車的專用車道。

沿途依山傍海，風景迷人。

Info

place 新北市貢寮區福隆里（詳見P.108地圖）

2

新北福隆

萊萊地質區

魔鬼的洗衣板春轉綠石槽

從舊草嶺隧道出來重見天日，逐漸從山區往海濱前進，看到海以後，順著自行車道向左走，也就是向北返回新北市的方向。這一路，左邊有雪山山脈的餘脈相伴，右手邊則見浩瀚的太平洋。這段海岸線，名為萊萊地質區，擁有東北角海域最發達的海蝕平台地形，黑色的岩石被海浪與海風經年累月洗禮，居然形成一大片畫著整齊平行條紋的海蝕平台，用「魔鬼的洗衣板」來形容它還真是異常貼切。

值此春暖花開的時節，溫暖的洋流和豐富的浮游生物，成為藻類的最佳養分，長年黑色的「洗衣板」上開始覆蓋一層綠衣，想看綠石槽不一定要去北海岸的老梅喔，東北角的萊萊地質區也很精彩！

萊萊地質區有「魔鬼的洗衣板」之稱。

東北角海域最發達的海蝕平台地形。

每年春天黑色的「洗衣板」也會覆蓋一層綠衣。

Info

place 台2線110.4公里處（詳見P.108地圖）

3

新北福隆

四角窟觀景台

在匠心獨運的藝術裡欣賞大自然

萊萊地質區的北端，既可欣賞日出，天氣清朗時又可眺望龜山島，另一邊還可清楚瞥見三貂角燈塔的身影，加上公路蜿蜒的線條，三百六十度都有足以製作明信片的漂亮視野，因此設置了四角窟觀景台。而且從這裡欣賞萊萊，「洗衣板」的層次更加分明。

四角窟觀景台不但風景美，本身的設計也暗藏許多巧思，像是以木板鋪成的心型高架台、牆上心型的孔洞、點綴著青草的石板道等，讓這個觀景台整體像個融入大自然的裝置藝術。

天氣配合的話可以眺望龜山島。

從這裡欣賞萊萊，「洗衣板」的層次更加分明。

四角窟觀景台是觀山、看海的好地方。

Info

place 台2線107公里處（詳見P.108地圖）

4

新北福隆

三貂角燈塔

極東觀景台等待全台第一道曙光

地理位置幾乎已經是台灣本島最東端的三貂角燈塔，完成於一九三五年，曾經是太平洋上過往船隻的重要照明指標。燈塔內部目前設置成展覽室，訴說昔日珍貴的歷史。

除了燈塔本身外，燈塔周遭也建設得相當完善，是個適合吹風、看海的賞景公園。順著步道往下走，大約只要5分鐘腳程，即可走到一處視野遼闊的觀景台，直接俯瞰整個萊萊地質區，以及旁邊的馬崗漁港。每天早上都可以到這裡迎接全台灣最早的日出！

燈塔周遭都是賞景的好地方。

三貂角燈塔幾乎已經是台灣本島最東端。

燈塔內部目前設置成展覽室。

Info

add 新北市貢寮區福連里馬崗街38號

tel 02-2499-1300

time 燈塔內部夏季週二至日09:00~18:00，冬季17:00提前關門；週一公休。

web lighthouse.motcmpb.gov.tw

5

新北福隆

馬崗街27號咖啡小館

遺世獨立小漁村散發咖啡香

從三貂角燈塔的觀景台向下望，可以看到一個寧靜的小漁村，如果不是「台灣最東邊的咖啡館」在此落腳，可能更少人會發現馬崗漁村的存在。

在一棵巨大成蔭的榕樹下，一幢漆上粉紅外衣的小屋，只見4隻貓咪自由自在地蹓躂奔跑，屋裡則傳出陣陣咖啡香。據說店主夫婦是在一次環島的途中發現了這處世外桃源，於是在二〇一六年夏天開設了馬崗街27號咖啡小館，提供咖啡、飲料、甜點等，讓騎車行經馬崗這個小漁村的人們，都能輕鬆地歇歇腳，品味當地特有的漁村咖啡風情。

Info

add 新北市貢寮區馬崗街27號

tel 0963-826-101

time 週五至週二10:30~18:00，週三、四公休。

FB 馬崗街27號咖啡小館

馬崗是一個寧靜的小漁村。

台灣最東邊的咖啡館。

馬崗街27號咖啡小館環境迷人。

村裡有好幾幢石頭古厝。

漁村造型門牌。

卯澳之名得自它獨特的灣澳地形。

6

新北福隆

卯澳漁村橋

早年樓仔厝見證時代推移

從馬崗再向北前進，很快就抵達另一處同樣幽靜的卯澳漁村。這裡的地勢面臨大海、後有山巒、3條溪流匯集至此入海，從高處俯瞰有如一個「卯」字，所以得名。因為獨特的灣澳地形，適合多種海洋生物在此生存，包括九孔、石花菜、海菜、龍蝦等海鮮都是當地的特產。

漁港早年最方便的建材，莫過於唾手可得的海邊砂石，講究一點的就堆疊得整齊一些，包括「平行砌」或「人字砌」；沒錢的就更隨意，把撿到的石頭循序堆上去，無暇在意外觀，稱為「亂石砌」。村裡好幾幢石頭古厝就是最佳的例證，其中最具規模的「吳家樓仔厝」，更可看到不同時期的多種砌法。

Info

add 新北市貢寮區福連里

7

新北福隆

卯澳海洋驛站

小卷蝦米粉生意興隆

沒有親臨現場實在很難想像，如此安靜的漁村裡，一家小餐廳的生意居然好到這個程度：下午兩點多，點兩碗小卷蝦米粉，居然等了快1個鐘頭，熱門程度可見一斑。

店裡招牌的小卷蝦米粉，每碗都有碩大的小卷和蝦各一隻，湯頭鮮甜，就算要耗費漫長時間等待，都值得品嚐；還有物超所值的龍蝦也是熱賣款。

Info

add 新北市貢寮區福興街1-1號

tel 02-2499-1617

time 11:00~19:00

price 小卷蝦米粉NT$150，海鮮粥NT$130。

FB 卯澳海洋驛站

生意興隆得令人大開眼界。

店裡招牌的小卷蝦米粉。

8

新北福隆

福隆東興宮

三府王爺庇佑百年衝浪客集散地

距離龍門露營區只有幾百公尺的福隆東興宮，從民國前10年就屹立在此，主要祭祀林、溫、傅等三府王爺和天上聖母，是當地重要的信仰中心。

東興宮有一片遼闊的廣場，由於廣場前的那片海濱，是近年來衝浪客最愛的出發點，所以東興宮無意之間也成為衝浪客們的重要集散地。傍晚，在宮前的廣場有機會欣賞到美麗的夕陽。

福隆東興宮歷史悠久。

福隆東興宮距離龍門露營區很近。

福隆東興宮香火鼎盛。

福隆東興宮前廣場無意間成為衝浪客們的重要集散地。

Info

add 新北市貢寮區東興街3號

tel 02-2499-1123

time 06:00~18:00

FB 福隆東興宮

9

新北福隆

福隆便當

追尋超過一甲子的旅途美味

來到福隆不吃個當地的便當，好像總覺得缺少了什麼；但是車站附近這麼多便當店，每家都號稱第一、古早味，還真不知從何挑起。

其中位於站前巷弄裡的尤記福隆便當，位置就在月台旁，早年只要有列車停駐，店家就會對著月台叫賣便當，年代久遠所以堪稱福隆便當的創始店。

不過尤記目前只有假日營業，平常日的遊客吃不到尤記，不妨選擇站前的宜隆。宜隆創立於民國46年，歷史一樣悠久，便當的菜色豐富、口味紮實、服務態度親切，同樣頗受好評。

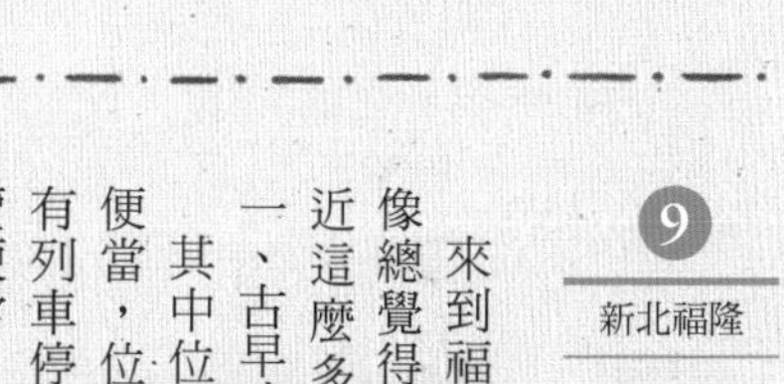

福隆站前有眾多便當店。

Info

尤記福隆便當

add 新北市貢寮區福隆街2巷19號

tel 02-2499-1105

time 週六、日09:30~18:30，週一至五公休。

FB 尤記商義福隆月台便當

宜隆福隆便當

add 新北市貢寮區福隆街5號

tel 02-2499-1627

time 週二至日09:00~18:00，週一公休。

FB 宜隆福隆便當

桃園龍潭｜三坑鐵馬道

穿梭田園稻浪逛老街

即使網紅IG帶來觀光人流，三坑和大平仍然一副歲月靜好的模樣，保留客家庄傳統與人情味。老街紅磚瓦房依舊、田裡農人循節氣忙活、生態湖泊倒映一日天光，在大漢溪沿岸找到完美休日提案。

text Cindy Lee **photo** 劉曉天・MOOK

【關於龍潭三坑】

偷一點時間，前往距離龍潭市區不遠的三坑，一日行程就能品嚐老街客家美食、踏上與石門大圳同行的鐵馬道、認識人文歷史建築、感受自然公園的湖光山色和翠綠稻浪。三坑聚落是典型的河階地形，往三坑自然公園的方向一路下坡，前往大平紅橋和返回老街就得面對好幾次上坡大挑戰，回程建議走台3乙線省道，過「邊界驛站」餐廳後斜切進右前方小徑，可以避開一大段費力的上坡路。

Start!

桃園市客家文化館 — 台灣好行巴士12分 — ① 三坑老街入口 — 步行5分 — ② 永福宮 — 步行2分 —

③ 青錢第古厝 — 步行5分 — ④ 黑白洗 — 三坑鐵馬站租車 — 單車2分 — ⑤ 三坑鐵馬道入口

— 單車30分 — ⑥ 三坑自然生態公園 — 單車15分 — ⑦ 大平紅橋 — 單車4分 —

⑧ 村子裡 The Village — 單車10分 — 三坑鐵馬站還車

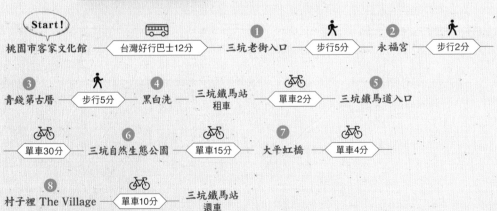

文學館入口錯落漂浮客家紙傘。

戶外廣場有許多可愛公仔和打擊樂器。

Start!

桃園龍潭

桃園市客家文化館

親子同遊，認識客家文學與音樂

若是對客家文化有興趣，或想找地方讓小孩放電，不妨將桃園市客家文化館排入遊程。位於龍潭的客家文化館以客家文學及音樂為展覽主軸，除了靜態展示作家手稿、作品和樂器，還能透過多媒體互動螢幕直接聽音樂。走出戶外，音樂廣場上的打擊樂器、入口的3D地景彩繪和隨處可見的公仔適合親子同樂，而每年4至5月桐花季，館外平台可近距離拍攝季節限定的雪白浪漫，也吸引不少網美賞花打卡。

【TIPS】
從桃園客運中壢總站出發，可搭乘台灣好行巴士石門水庫線（假日行駛），或桃園客運5055前往三坑老街和桃園市客家文化館。

Info

add 桃園市龍潭區中正路三林段500號

time 09:00~17:00，週一公休。

tel 03-409-6682

web www.hakka.tycg.gov.tw

1

桃園龍潭

三坑老街（三坑仔）

最短老街，紅磚窄巷客家味

老街依然維持黑瓦紅磚廟埕的古樸樣貌。

進入三坑老街可別低頭滑手機，因為從入口黑白洗到巷尾永福宮僅短短一百八十公尺，一眨眼間已經走完。

「坑」是客家話中的小溪澗或水渠，此處有火劫尾坑、蔗篰仔、鴨母坑三條水流匯集進入大漢溪，因此取名「三坑仔」，由於河運之便，成為南桃園和北新竹的貨物集散地，商旅絡繹不絕。後來因桃園大圳的修築，大漢溪水位驟降，陸運取代水運，失去碼頭功能的三坑子亦逐漸沒落。老街彷彿被時光遺忘，依然維持客家庄的純樸風貌，吸引許多劇組拍攝取景，每到假日，人潮總層層圍住阿香菜包和阿秋姨牛汶水，幾間客家粄食也座無虛席，頗有從前「龍潭第一街」的熱鬧光景。

阿香菜包外皮以糯米和蓬萊米製作，內餡則使用蘿蔔絲炒瘦肉。

壁面彩繪介紹鄰近區域景點。

Info

add 桃園市龍潭區三坑子

2 桃園龍潭

永福宮
聚落信仰中心

永福宮位於老街盡頭，是當地信仰中心，也是居民主要休憩場所。永福宮創建於清乾隆9年（一七四四年），位址卻歷經三次遷徙，直到大正13年（一九二四年）才移至現址，有趣的是，原本主祀客家神明三山國王，隨著閩南人的遷入而改祀雙方都認同的三官大帝。二〇一六年才剛翻新整修的宮廟雖已失去典雅古韻，三川脊精巧的雕飾和剪黏仍值得細細欣賞。

永福宮陪伴三坑子走過繁華與寂靜。

整修後新穎明亮的宮廟。

Info

add 桃園市龍潭區三坑老街66號
time 06:00~18:00
tel 03-471-2420

3 桃園龍潭

青錢第
消失中的百年古厝

紅磚古厝建於光緒20年（一八九四年），多護龍三合院前擁翠綠水田，背椅蒼鬱山丘，幽靜雅致。古厝為張姓人家，據說先祖經商致富，曾在饑荒時自行發行「青錢」賑災，因為信用可靠，民眾可憑「青錢」至銀莊兌換銀兩，皇帝嘉許善舉，故賜「青錢第」封號。張家傳承至今已七代，可惜子孫意見不一，不願被納入歷史建築，無法好好維護的古厝已逐漸殘破。

Info

add 桃園市龍潭區三坑老街18號

古厝門口對聯上的蝙蝠浮雕象徵「福」。

4 桃園龍潭

黑白洗
洗盡人間黑白事

先民為了開墾方便而挖掘三坑圳，後來居民為了日常生活洗滌用途，在三坑圳旁挖一個小水坑，就是現在老街入口的黑白洗。水源部份取自於泉水，另一部份引入灌溉水圳，一清一濁匯流混合，所以稱為黑白洗。至今仍有當地居民會利用晨昏時間來洗衣服，路過的遊客也總會洗洗手、玩一下水。

黑白洗保留傳統客家庄的生活文化。

Info

add 桃園市龍潭區三坑老街入口處

5

桃園龍潭

三坑鐵馬道

四季皆美的自行車道

踩踏雙輪，以悠緩的速度滑行於三坑鐵馬道上，才能真正了解自行車旅行的輕快愜意。

三坑鐵馬道的前段平緩而寬敞，沿著石門大圳前行，沿途經過三坑泉水、螢火蟲的家、咖啡林道、蝴蝶花徑、水圳隧道口等景點。石門大圳與日治時期興建的桃園大圳同屬境內重大圳道水利工程，龍潭以南地區的農業發展多依賴石門大圳的灌溉水源。當初因為大圳的上石崩落，掩蓋水渠，水利單位於是闢建便道，方便工程人員施工，於是有了現在的鐵馬道。

與大圳平行的路段林蔭蔽日，即使夏天也份外涼爽，沿途種植不同的樹種，編織四季風景，2月初春粉櫻綻放浪漫、5月油桐飄落滿地雪白、6至9月野薑花清香撲鼻、冬季落葉又是另一種蕭瑟情調。鐵馬道的終點續接產業道路，幾個刺激的髮夾彎陡下坡後，可依循路標返回老街，或是接上「大溪月眉至龍潭三坑水岸觀光綠廊」前往三坑自然生態公園。

【TIPS】

在老街入口的「三坑鐵馬站」租自行車，有多種車款可供選擇，並提供道路救援服務。租好車之後，建議回頭往台3乙線省道方向，於路口右轉續行約200公尺，轉入自行車道起點。

Info

access 車道入口在台3乙線台灣好行巴士三坑站的站牌旁

三坑鐵馬道平緩舒爽，沿途有石門大圳潺潺水聲相伴。

前往三坑自然生態公園的路上，穿梭田間小路，飽覽田園風光。

漂浮湖面的「浮草庵」，呼應曾為茶葉集貨渡口的歷史。

2019年舉辦「浪漫台三線藝術季」，在園內創作地景藝術。

6

桃園龍潭

三坑自然生態公園

水光瀲灩，悠然如詩

一池碧綠倒映白雲與山巒，湖畔嫩綠草坡向樹林深處蔓延，不同樹種展現各種深深淺淺的綠，再高明的作家也無法精準描述三坑自然生態公園的千層疊綠，或許，這片3.8公頃的廣闊可以總結一個名字：舒心綠。

三坑自然生態公園位於大漢溪畔，清朝至日治時期曾是重要的二段潭渡口，當時桃竹苗地區客家庄的茶葉皆以人力挑運至此，藉由船運至大溪、台北大稻埕後輸往世界各地，二段潭渡口因而獲得「客家茶港」的美譽。後因河道淤塞，再加上砂石場盜採砂石後任意回填廢棄物，當地自然環境遭受嚴重破壞。經過重新設計規劃，引入石門大圳的水源、地下水及山泉水，大量種植原生樹種，以生態工法打造蓊鬱青翠的親水自然公園，並結合AR裝置藝術，重新呈現二段潭渡口的歷史。沿著湖畔漫步、在小河道戲水，或是攤開野餐墊享受一下午悠閒，在三坑自然生態公園，每個人總能找到讓自己放鬆的方式。

Info

add 桃園市龍潭區三坑里堤防旁

自然公園生態豐富，湖光山色，騎車或野餐都很愜意。

以稻草、麻繩及鋼條編織的「稻之蛹」。

7

桃園龍潭

大平紅橋

踏上百年糯米橋，擷取一份清幽古韻

大平紅橋原名「大坪橋」，建於大正12年（一九二三年），長十餘公尺，連接打鐵坑溪兩岸，早期是大坪村居民主要的聯外道路，橋身使用能夠承重的清水紅磚，由於當時沒有水泥可固定磚頭，便利用石灰膏摻入糯米當作接著劑，所以在地人又稱其為「糯米橋」。如今紅橋卸下往來交通的任務，成為龍潭近年來的IG打卡熱點，斑駁的紅磚拱橋跨越潺潺溪水，在滿版的印象派翠綠間劃出一道質樸古韻，遠方的聚落、近處的菜園都是寧靜陪襯，這夢幻景色也曾入選文建會票選的「台灣歷史建築百景」。

牽車走過紅磚拱橋，沈浸遺世忘俗的悠然。

大平紅橋附近另一座小拱橋。

Info

add 桃園市龍潭區石門路55巷內

8

桃園龍潭

村子裡 The Village

讓時間留白，感受視覺與味覺的溫柔款待

遠眺大平紅橋和田園景觀。

香料入菜的和風洋食套餐。

簡單舒適的溫馨小店。

村子裡 The Village是一間舒適、簡單的日雜風小店，店內佈置老闆旅遊世界的回憶，像走進村落裡的朋友家，享受一段輕盈溫柔的午後時光，落地窗外，種滿香草植栽的寬敞陽台連接廣闊綠意，遠方稻田與大平紅橋描繪療癒風景。喜歡研究香料的店長擅於以香草入菜，松阪豬使用馬告、肉桂和胡椒醃製，口感爽脆中帶一抹怡人清香，海鮮義大利麵使用自製蒜醬佐乾辣椒清炒，山林間的小餐桌竟能嚐到海裡的鮮甜，令人驚艷。小黑板上手寫每日自製甜點，讓一份酒香飽滿的大人味提拉米蘇完美這一趟旅程。

挑高空間搭配落地窗，寬敞明亮。

Info

add 桃園市龍潭區石門路27號
time 11:30~20:30
tel 03-471-2659
FB 村子裡

水岸追風，山海河的相遇

03

桃園濱海自行車道|新屋綠色走廊

藍海與綠蔭雙重奏

海風吹送慵懶，木麻黃防風林光影婆娑，綠色走廊涼爽幽靜，適合親子同遊。
沿途有木棧平台、眺望休憩涼亭、景觀解說設施、稀奇的百年石滬、裝置藝術造景等，回程原途折返後，
可繼續北行至永安漁港，以海鮮和夕陽為此行畫下完美句點。

text 蒙金蘭　**photo** 何忠誠

【關於桃園濱海自行車道】

桃園濱海自行車道串連桃園的蘆竹、大園、觀音和新屋等濱海行政區，車道沿線有許厝港濕地、白沙岬燈塔、甘泉寺、彩繪風車、新屋石滬群和永安、竹圍漁港以及各地濱海遊憩區，沿路可見藍海與綠樹相映。

Start!

新屋綠色走廊入口 租車 —〈單車3分〉— ❶ 好客莊園 —〈單車7分〉— ❷ 觀海亭 —〈單車6分〉— ❸ 新屋百年石滬

—〈單車3分〉— ❹ 漂流木公園 —〈單車1分〉— ❺ 福興宮 —〈單車1分〉— 折返濱海自行車道

—〈單車20分〉— ❻ 永安漁港 —〈單車3分〉— 返回租車點 還車

Start!

桃園濱海自行車道

新屋綠色走廊

穿梭林蔭與海景之間

在這裡租車！

新屋綠色走廊全長約4公里。

新屋綠色走廊屬於桃園濱海自行車道中的一段。

新屋綠色走廊屬於桃園濱海自行車道中的一段，北起永安漁港南方約3公里處，南至蚵殼港，全長約4公里，是二〇〇二年正式啟用的濱海自行車道。

這一段車道沿著海岸線展開，全線均已鋪設柏油路面，坡度平緩，幾乎沒什麼上下坡，有時直接一面看海一面前進，有時穿梭於林蔭之中，是北台灣一條相對幽靜的自行車專用道。不過，這段海岸屬於特定管制區，所以晚上6點以後禁止進入，這一點需加以留意。

【TIPS】
新屋綠色走廊假日有限制汽機車進入，自行車騎士不必與汽機車爭道，相當貼心；此外，車道附近有多家單車、協力車出租店（觀海路二段838號一帶）。

綠色走廊的坡度平緩，幾乎沒什麼上下坡。

Info

access 從北邊的觀海路二段進入，一直向南至蚵殼港。

1

桃園濱海自行車道

好客莊園

連接牽罟步道

好客莊園距離走廊入口處不遠。

位於新屋綠色走廊入口附近，原為軍方的海防基地，但是十餘年前海巡署接管海防工作後，這幢建築物便被閒置。目前由桃園市政府改建為海洋客家牽罟文化館兼遊客諮詢中心，雖然建設還沒有完備，但可看到廁所、沖洗室等貼心設置，未來可能還會有商品販售和餐飲服務。

好客莊園旁邊還有一條牽罟步道、前方更有兩顆心的裝置藝術，往往吸引遊客駐足拍照。

好客莊園前方的裝置藝術。

好客莊園是海洋客家牽罟文化館兼遊客諮詢中心。

Info

add 桃園市新屋區觀海路二段278號

tel 03-476-9971

time 09:30~17:30，週二公休。

觀海亭擁有很棒的看海角度。

② 桃園濱海自行車道

觀海亭

居高賞海景最佳方位

觀海亭建在一處地勢略高的台地上，亭子的面積相當大，最重要的是擁有很棒的看海角度，蔚藍的海景在眼前展開，路過時一定要停下來聽聽浪聲、吹吹海風。這裡也集結了許多行動咖啡車，不妨跟親切的老闆買一杯咖啡，找個地方坐下來悠閒看海吧。

Info

place 桃園市新屋區桃96鄉道上（詳見P.122地圖）

路過時一定要停下來聽聽海浪、吹吹海風。

觀海亭建在一處地勢略高的台地上。

③ 桃園濱海自行車道

新屋百年石滬

西海岸的海上長城

石滬是最天然的捕魚方式，兩百多年前的先民就地取材，徒手把鵝卵石堆砌成上百公尺、甚至上千公尺的堤岸，利用漲潮將魚群帶進堤岸裡，等到退潮時，部份魚群就會被滯留在石滬中，成了現成漁獲。台灣最有名的石滬莫過於澎湖七美的雙心石滬，而在台灣本島想看石滬，唯有到新屋來。

目前新屋從蚵間里到深圳北岸之間尚存11座石滬，其中9座位於蚵間里，且被編列為2、3、6號的石滬仍具有捕魚功能，為了加強保護，已將石滬群依法登錄為文化景觀。

時至今日，石滬對漁民們的實際重要性雖已不再，卻成為潮間生物最佳的棲息場所，更是見證老祖先智慧的重要歷史遺跡。

石滬是最天然的捕魚方式。

在台灣本島想看石滬，唯有到新屋來。

石滬是最天然的捕魚方式。

Info

place 桃園市新屋區觀海路一段（詳見P.122地圖）

4

桃園濱海自行車道

漂流木公園

親近沙灘漫步踏浪

傍海的漂流木公園。

從百年石滬的海岸更往南走，有一處漂流木公園，可說是新屋綠色走廊的終點站。漂流木的數量並沒有想像中多，不過這裡離海很近，退潮時出現一片難得的沙灘，可以到沙灘上漫步、踏浪。擱淺在海岸邊的漂流木，正好充當座椅，很適合坐下來歇歇腳，欣賞遼闊的海洋。

漂流木公園是新屋綠色走廊的終點站。

Info

place 桃園市新屋區觀海路一段（詳見P.122地圖）

可以到沙灘上漫步、踏浪。

5

桃園濱海自行車道

福興宮

流傳百年的守護傳說

福興宮有超過一百四十五年歷史，供奉的主神相當特別，是7位夫人，還有7位王爺護駕，因此又稱七夫人廟。清光緒年間，一艘王船在蚵間里的石滬擱淺，船上被發現有7尊夫人、7尊王爺的神像，以及一本帳冊，清楚說明這艘王船來自泉州。村民將王船拖至岸邊修理，並將神明祀奉起來，據說七位夫人及王爺相當保佑當地村民，於是西元一八七六年集資建了福興宮，成為當地居民重要的守護神。

福興宮是當地居民的信仰中心。

Info

add 桃園市新屋區蚵間里六鄰55號

tel 03-476-8903

time 08:00~17:00

6

桃園濱海自行車道

永安漁港

啖美食賞美景

從新屋綠色走廊騎著單車繼續北行就會來到永安漁港。永安漁港是全台唯一以客家族群為主體的觀光漁港，港口的觀海橋不但是俯瞰港區的好地方，純白的橋身從白天、黃昏到入夜都展現不同的姿態。港灣南側有一幢兩層樓的建築物，大致分成3區，一區是生鮮的漁獲拍賣市場，第二區以海產熟食為主，還有一區都是現撈仔的海產店，很適合用餐，最後再以美麗夕陽告別永安漁港。

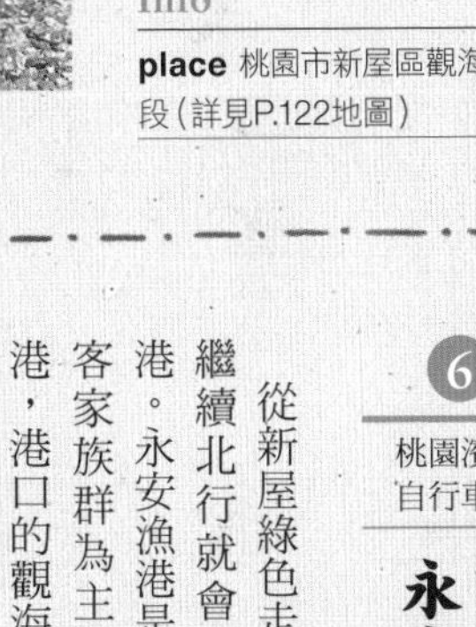
港口的觀海橋可以俯瞰港區。

灣澳裡停泊著眾多漁船。

Info

add 桃園市新屋區中山西路三段1165號

tel 03-486-1017

以客家族群為主的觀光漁港。

水岸追風，山海河的相遇

04

新竹|17公里海岸線

濱海美景此起彼落

這條愜意的自行車道，沿途坡度平緩、輕鬆易行，是北台灣很受歡迎的騎行路線，新近經過升級與改善工程，周邊的休憩、停車、餐飲等設施更加完善，每個停留點都是賞景、等待夕陽的好地方！

text 蒙金蘭 **photo** 何忠誠

【關於17公里海岸線】

從南寮漁港出發，長達17公里的海岸沿線經過運河、紅樹林、賞鳥區、賞蟹步道、沙丘和一座又一座美麗的橋樑，讓這條自行車道驚喜不斷，騎起來倍覺身心舒暢。

Start!

南寮魚鱗天梯&風力活動公園 — 步行5分 — ① 漁港直銷中心 — 步行5分 — 自行車道入口 租車 — 單車5分 —

② 看海公園 — 單車8分 — ③ 港南濱海風景區 — 單車6分 — ④ 金城湖賞鳥區 — 單車10分 — ⑤ 香山紅樹林公園

— 單車15分 — ⑥ 香山溼地賞蟹步道 — 單車5分 — ⑦ 竹塹林記美食 — 單車12分 — ⑧ 香山豎琴橋

— 單車10分 — ⑨ 香山沙丘 — 單車50分 — 返回租車點 還車

Start!

新竹
17公里海岸線

南寮魚鱗天梯＆風力活動公園

優美造景推陳出新親子遊戲樂園

南寮漁港位於新竹市西北方，是17公里海岸線北端的起點，漁船的規模及漁獲量之大，可說是桃竹苗地區數一數二的漁港，近年來在新竹市政府的積極規劃下，不但風景越來越具特色、設施日趨齊全，廣闊的腹地更成為親子假日休閒的最佳去處。

傳統的漁港多半以堆疊消波塊來保護堤防，南寮漁港在改造的工程中，改用魚鱗式的階梯取代昔日的消波塊，既有護堤的功能、又打造出獨特的海岸景觀，近年已成為民眾拍照打卡的熱門地點。

新竹向來以風大聞名，遼闊的風力活動公園成為放風箏的好地方。此外，二〇二〇年完工的旅遊服務中心裡，居然出現兩層樓的溜滑梯，中心前的草地也變成了沙灘公園，無論室內戶外都是親子們的運動樂園。

在這裡租車！

南寮魚鱗天梯為熱門的拍照打卡點。

風力活動公園是親子們的運動樂園。

Info

add 新竹市北區南寮街

time 旅遊服務中心週二至五09:30~17:30，週六、日09:30~18:00，週一公休。

web tourism.hccg.gov.tw

1

新竹
17公里海岸線

漁港直銷中心

新鮮美味地產海鮮大集合

在台灣眾多漁港直銷中心裡，南寮漁港的直銷中心規模不算大，選擇同樣琳瑯滿目。在兩層樓的建築裡，一樓屬於魚產品區，包括各種本港現撈活體海產、生魚片、簡單烹調的現成海鮮零食、來自台灣各地的漁產加工品等；二樓屬於海鮮美食區，可以把在一樓買到的食材，交給餐廳烹調，立即享用美味的海鮮大餐；或是直接找間餐廳坐下來，現點現製美味佳餚。

在一樓選購食材，交給二樓的餐廳烹調。

Info

add 新竹市北區新港三路1之9號

tel 03-536-6210

time 08:00~21:00

漁港直銷中心生鮮漁產琳瑯滿目。

2

新竹
17公里海岸線

看海公園

居高臨下欣賞海景

從南寮漁港向南方出發，很快就抵達有個大大煙囪的環保教育館，它的兩側其實曾經是垃圾填起的高地，經過整理，目前已成為環保公園和看海公園，雖然沒什麼特殊的建設，但是由於位置比海平面高，視野很好，很適合欣賞海天一色的景致，或是黃昏時，到此等待夕陽西下。

這裡曾是垃圾填起的高地，可以居高臨下。

在看海公園欣賞海天一色的景致。

Info

place 新竹市北區（詳見P.124地圖）

3

新竹
17公里海岸線

港南濱海風景區

橋樑運河竹北威尼斯

和看海公園比起來，港南濱海風景區更像是個主題明確的公園，青綠的運河平靜無波，穿越過好幾座橋樑，自行車道忽高忽低蜿蜒其中，為這條大部份平直的車道增添不少趣味變化。

港南濱海風景區多運河、橋梁，風韻獨特。

港南濱海風景區規劃完善，隨時可歇腳休憩。

騎行穿梭於橋梁、運河間，趣味無窮。

Info

add 新竹市香山區海埔路600號

4

新竹
17公里海岸線

豐富生態飛鳥最愛覓食地
金城湖賞鳥區

金城湖原是作為調節水位的人工湖，也是港南里農田的主要排水口，湖面闊達5公頃，因為潮間帶生物豐富，成為鳥類的最佳覓食地，尤其漲潮、退潮之際，水鴨、蒼鷺、赤足鷸、黃尾鴝等紛紛飛來覓食，附近設有方便的賞鳥看台，因此成為愛好者們口中的賞鳥的好地方。

設有方便的賞鳥看台。

Info

place 新竹市香山區（詳見P.124地圖）

因潮間帶生物豐富，成為鳥類的最佳覓食地。

5

新竹
17公里海岸線

17公里海岸中繼站
香山紅樹林公園

去年才啟用的香山紅樹林公園，是新竹第一座以生態工法設計的生態公園，雖然綠意盎然，卻不是期待中的紅樹林。原來之前紅樹林過於茂密，孳生的小黑蚊對鄰近居民造成頗大困擾，市政府因此將大片的紅樹林疏伐，期待能恢復濕地原來該有的面貌。

香山紅樹林公園差不多是17公里海岸的中間點，非常適合在此停下來歇歇腳。

公園裡外植栽眾多，也出現美麗的月見草花。

香山紅樹林公園是新竹第一座以生態工法設計的生態公園。

Info

add 新竹市香山區華江街29巷51號

步道本身的線條就成為優美的一景。

賞蟹步道旁有一片優美的大葉欖仁樹林。

6

新竹
17公里海岸線

香山溼地賞蟹步道

開放式大自然生態教室

香山區擁有北台灣最大的海濱溼地，是招潮蟹、和尚蟹、彈塗魚等的快樂天堂，市政府在美山里這一帶鋪設了長達兩百五十公尺的賞蟹步道，依據螃蟹出沒的習性所設計的彎度，讓步道本身就成為優美的一景。沿途毫不費力就可看到數十種螃蟹出沒，尤其招潮蟹要著大爪子還能互相過招打架，非常生動有趣，個人認為是這條路線上最精彩的一段！步道旁的生態館裡，有完整的溼地介紹，身側還有一片罕見的大葉欖仁樹林，千萬不要錯過。

香山溼地賞蟹步道是觀察招潮蟹的好地方。

Info

add 新竹市香山區中華路五段320巷35號

time 09:30~18:00，週二公休。

7

新竹
17公里海岸線

竹塹林記美食

茶燻佳餚伴濱海夕陽

竹塹林記美食是一間近三十年的餐廳，以燻製的茶鵝、茶雞、茶鴨、滷味等廣受歡迎，最棒的是它的位置相當靠近海邊，說是2樓其實已是3樓的高度，坐在餐廳裡就可以直接欣賞到17公里海岸線的濱海風情。不妨趁落日前趕到，一邊用餐一邊欣賞夕陽，讓這一天的騎行收穫更豐富多元。

竹塹林記美食距離自行車道很近。

燻製的茶鵝、茶雞、茶鴨及滷味。

Info

add 新竹市香山區中華路五段420巷56號2樓

tel 03-539-9539

time 12:00~13:00，詳細營業時間可上店家粉絲專頁查詢。

price 茶鵝NT$500、綜合滷味NT$150；雙人套餐NT$700。

FB 竹塹林記美食「香山阿母私房滷味」

8

新竹
17公里海岸線

香山豎琴橋

斜倚豎琴巧造型狂吸睛

17公里海岸沿途經過的橋樑很多，這座橋顧名思義，像一把斜躺的豎琴，簡潔有致的曲線、純白的外貌，相當吸睛，隨著晨昏光線的變換，會展現不同的風貌，因此又成了攝影愛好者們熱愛的風景。

Info

add 新竹市香山區西濱公路5號

造型獨特的香山豎琴橋。

簡潔有致的曲線、純白的外貌，相當吸睛。

9

新竹
17公里海岸線

香山沙丘

台版的撒哈拉沙漠

靠近17公里海岸線的南端，因為地質、風向等諸多因素，把沙一層層向陸地上吹，疊成一堆又一堆小型的沙丘，被稱為「台版的撒哈拉沙漠」；雖然沙丘的面積和沙漠基本上無法比擬，但特殊的景觀還是令人嘖嘖稱奇。

【TIPS】
沙丘目前仍屬於保護區，入內前須向市政府提出申請。

特殊的沙丘景觀令人稱奇。

Info

place 新竹市香山區
（詳見P.124地圖）

香山沙丘被稱為「台版的撒哈拉沙漠」。

水岸追風，山海河的相遇

05

台中|清水
騎行世界級的美麗濕地

美麗的高美濕地風景，多看幾遍也不厭倦。這次就從清水市區開始，大啖在地人也愛的老店，品味文青甜點，為清水高美一日行留下美拍倩影。

text & photo MOOK

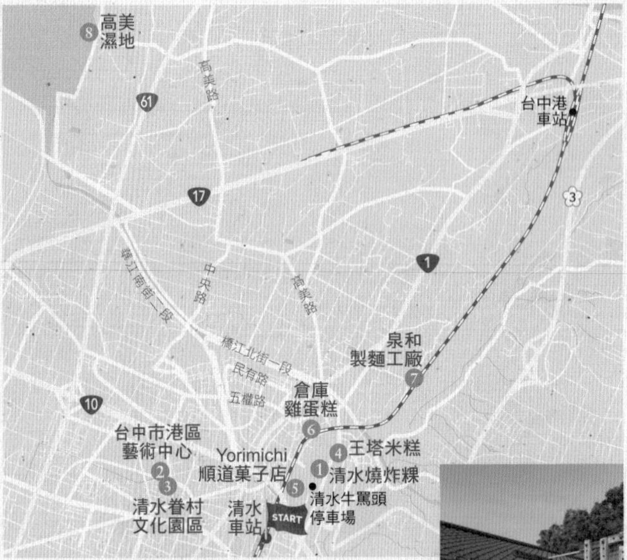

【關於台中清水】

高美濕地美麗的夕陽與大風車風景馳名國際，然而想一睹這世界級的美景，除了自行開車前往，似乎就只能團體旅行時搭遊覽車前來，或是搭乘班次稀少的公車。好消息是台中公共自行車系統 iBike 擴大設站，清水市區和高美濕地亦設了幾個站點，只要善用台中 iBike，規劃一日遊行程，就能以自己的步調享受高美濕地的美。

屬於台灣鐵道海線的清水站，海線班次較少，因此可以先搭乘高鐵來到台中站，再從與高鐵共構的新烏日站搭上少有機會乘坐的成追線，悠緩抵達清水火車站。在清水愉悅地騎行 iBike，造訪美拍打卡景點，品嚐當地經典老味道，最後於黃昏時分，前進嚮往已久的高美濕地。

Start!

清水車站 借iBike —單車5分— 清水牛罵頭停車場 還車 —步行3分— ① 清水燒炸粿 —步行3分— 借iBike

—單車10分— ② 台中市港區藝術中心 —步行3分— ③ 清水眷村文化園區 —單車10分— 清水牛罵頭停車場 還車

—步行7分— ④ 王塔米糕 —步行10分— ⑤ Yorimichi順道菓子店 —步行3分— 清水牛罵頭停車場 借iBike

—單車5分— ⑥ 倉庫雞蛋糕 —單車10分— ⑦ 泉和製麵工廠 —單車23分— ⑧ 高美濕地

Start!

清水車站

到附近的iYouBike站點借車吧！

燒炸粿現點現炸。

在粿裡包蚵仔拿去炸的蚵炸。

1

台中清水

清水燒炸粿

在地人最愛的早晨老味道

一早抵達清水站，先前進清水燒炸粿品嚐當地美食小吃，補充一日單車之旅所需的能量。雖說表定時間是營業到下午一點，但若食材賣完，可是會提前打烊的，而這在清水燒炸粿是時常發生的事。上午十點左右尋到此處，便一直有在地人陸陸續續騎著摩托車前來點單。販售品項十分簡單，肉炸、蚵炸、鹹粿、甜米糕，既然來到臨海小鎮，便理所當然點了蚵仔口味的炸粿，滋味相當鮮美，酥脆卻不油膩的口感，完全可以拿來當作早餐。

還沒到中午便有在地人陸續來購買。

Info

add 台中市清水區光華路206號

time 06:00~13:00

price 肉炸NT$35，蚵炸NT$35，鹹粿NT$20，甜米糕NT$20。

2

台中清水

台中市港區藝術中心

在古代院落品味當代藝術

這裡是多功能複合式藝術展演場所，不定期有美術作品展覽，以及音樂、舞蹈、戲劇等表演活動。戶外空間也是同樣迷人，建築設計仿閩南院落，依高低起伏的人工矮丘而建，漫步迴廊，流水潺潺，更增添古色古香的中式庭園韻味，頗有古代書院傳承教育的情致。館內藏有台中市美術家藝術成就及相關圖文資料，也有研習教室，提供藝文研習班與假日親子研習活動使用，還有裝置藝術作品散落在總面積三萬多平方公尺的空間中，任一角落都值得細細品味。

仿閩南建築的戶外庭院。

庭院流水潺潺。

依人工矮丘的高低差而建。

Info

add 台中市清水區忠貞路21號

tel 04-2627-4568

time 戶外每日05:00~22:00，展覽廳週二至週日09:00~17:30（週一公休），演藝廳依節目時程開放。

web www.tcsac.gov.tw

3

台中清水

廢墟控的最愛

清水眷村文化園區

清水眷村文化園區就位在港區藝術中心對面。一見到這靜謐的巷弄，中華民國旗海纏繞著小巷道飄揚，便很快明白這處荒廢社區的背景。日治時期是日本海軍第六燃料廠宿舍區，一九四九年國民政府來台後，則為空軍眷舍信義新村。而後新國宅建設完成，住這裡的眷舍搬遷完畢後，原本預計整地拆除，但恰巧一九九七年對面正興建的港區藝術中心工地意外挖掘出史前人類遺跡，遺跡範圍也包括了信義新村，就這樣整個區域就被保留了下來。

園區內的房舍並沒有整備建設，而是完整保留頹圮原樣，甚至有些屋舍早已與大樹共生，廢墟感十足，擁有讓人一戶戶欣賞細品的魔力。少數屋況較佳的，則作為展示或藝文活動空間，訴說著老眷村的點點滴滴。

屋況良好的屋舍則作為藝文空間，展示眷村文化。

Info

add 台中市清水區中社路信義巷41號

time 09:30~17:30，週一及國定假日公休。

web www.qingshuiartvillage.com

完整保留頹圮樣貌。

被綠意纏繞的白色單車。

廢屋與樹木共生。

本來預計拆遷的眷村，如今作為文化園區被保留下來。

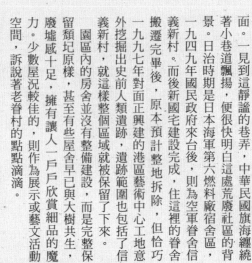

4

台中清水

王塔米糕

誘人的經典老味道

來到清水，當然一定得一嚐當地著名美食米糕，畢竟米糕都登上台日32同名駅紀念章圖案，可想而知其地位。這次選擇王塔米糕，創立於一九四六年，做法始終維持七十多年來的傳統，滷製夠味的兩三塊三層肉鋪墊在鋁筒底，再放入加了佐料的糯米，以大蒸籠蒸約一個鐘頭左右，客人點餐時再將米糕刮出倒在碗裡，淋上特調醬料。老闆強調食用前一定得先將醬料拌勻，豬肉油脂使醬料完美覆上一粒粒晶瑩飽滿的米飯，而王塔米糕的最大特色就是以蚵仔乾增添獨到風味，每一口都鮮美。此外，乾麵搭配特調醬料，也是行家吃法。

米糕的經典搭配是肉羹湯，怕太濃厚的則推薦鑲肉油豆腐湯。大骨頭熬的湯頭香醇卻又清爽，加入了荸薺的鑲肉油豆腐更是一絕，也難怪會是王塔米糕的經典小菜。

王塔米糕的店面。

加入蚵仔的米糕，搭配清爽鑲肉油豆腐湯。

Info

add 台中市清水區中興街30-1號

tel 04-2622-3299

time 09:30~20:30

5

台中清水

Yorimichi 順道菓子店

小鎮裡的甜點店

日正當頭的中午，決定暫緩行程躲進這處氣質清新淡雅的咖啡館。順道菓子店是一間標榜一年四季都有刨冰的小鎮甜點店，真是酷日下旅人的救贖！點了當季的夏日芒果冰，才發現這不只是簡單的芒果刨冰，自製的芒果果露，讓本就清甜的國產芒果更加甜蜜，還可淋上自製優格，以隱微的酸豐富層次口感，讓入口即化的細密刨冰滋味更飽滿，更別提碗底帶來的驚喜——酸酸甜甜的檸檬愛玉——為這份芒果冰帶來令人回味不已的餘韻。

店內的木質老桌椅、垂掛的鎢絲燈，還有牆上隨興的擺設佈置，讓這裡洋溢著輕鬆自在的氛圍。若不是午後還有行程，還真想賴在這裡不走了。

淋上自製優格的芒果冰。

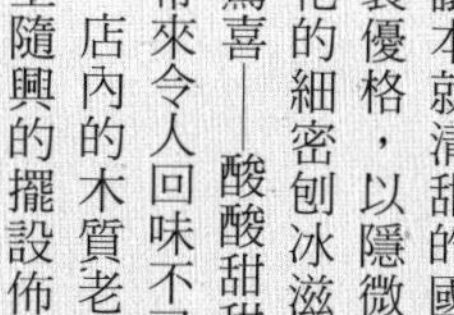

白色基調的店面。

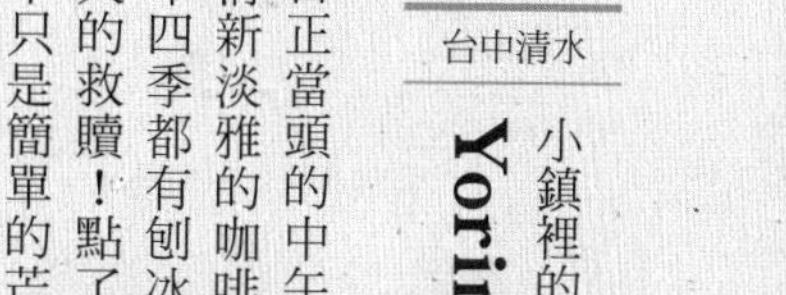

木質調的溫馨空間。

Info

add 台中市清水區鎮南街81-2號

tel 04-2622-1812

time 11:30~18:30

FB Yorimichi 順道菓子店

6

台中清水

倉庫雞蛋糕

文青風雞蛋糕

倉庫雞蛋糕的位置相當隱密，若不留神，很容易便會錯過，但是一旦找到這家店，真是不愛上也難。白色的鐵皮屋，搭配手寫店名，店主開啟小窗招呼客人，實在太有味道。雞蛋糕有許多有趣的口味，如卡士達、黑糖麻吉、雙層起司、蔓越莓乳酪、巧克力卡士達等，每一種口味都各有擁護者。雞蛋糕外皮酥脆、內餡香濃飽滿，還有店家特製的小提籃和小提袋，精緻又可愛，真是讓人不愛也難。

招牌上寫著倉庫雞蛋糕。

Info

add 台中市清水區鎮新路66巷1弄73號（倉庫後方）

tel 0908-660-566

time 週一、三至五14:00~18:00，週二、六09:00開始營業，週日公休。

FB 倉庫雞蛋糕warehouseeggcake

白色鐵皮屋的店面。

雞蛋糕內餡濃郁，小巧可愛。

7

台中清水

泉和製麵工廠

陽光、三合院，與麵線

距離美麗的高美濕地夕陽還有一段時間，便騎著單車尋到五福圳自行車道。沿著農田水圳騎行，有療癒的田園景致相伴，一路心情相當暢快。不久便發現一片荷花池，後方是三合院老厝，老厝空地上曬著手工麵線，正是泉和製麵工廠所在地。歷史悠久的泉和製麵工廠，依舊遵循古法製作日曬手工麵線，陽光下，三合院紅磚將白色麵線襯得耀眼迷人，讓人迫不及待想一嚐這有著太陽味道的麵線，滋味該是何等美妙。

Info

add 台中市清水區福圳街一段238號

tel 04-2623-7446

time 08:00~17:00

依循古法製作日曬手工麵線。

荷花池後的三合院老厝。

院前的大片荷花池。

夕陽西下的高美濕地美若仙境。

8

台中清水

高美濕地

沿著木棧道迎向落日

高美濕地最經典的景色當屬從木棧道步行到尾端，光著腳丫踏上退潮淺灘，捕捉夕陽餘暉和大風車倒映水面的美。然而總長六百九十一公尺的木棧道，一路走來同樣驚喜不斷，豐富的生態如招潮蟹、大眼蟹、彈塗魚、雲林莞草、大安水蓑衣等活躍生活著，更因為這多元豐富的魚蝦貝蟹，也讓高美濕地在秋冬之際成為重要的候鳥棲息區，因此規劃為高美野生動物保護區，想親近高美濕地，就步行到木棧道尾端吧！

【TIPS】

逗留高美濕地至日落之後，雖然公車班次稀少，但還是建議先向遊客中心洽詢歸途公車時刻，公車有前往清水火車站、台車火車站、台中高鐵站等路線。畢竟從高美濕地騎單車返回清水火車站約需30分鐘，對遊玩一整天的體力是一大負擔，且天黑之後的路況與白天的感覺完全不同，容易迷路。

潮淺灘上風車倒映水面。

Info

time 木棧道封閉時間：漲潮前1.5小時（大潮前2小時），木棧道開始封閉。木棧道開放時間：漲潮後1.5小時（大潮後2小時），木棧道重新開放。潮汐與日出日落時間請洽網站。

web
高美野生動物保護區生態網：www.saygaomei.com.tw
高美濕地旅遊網：www.gaomei.com.tw

水岸追風，山海河的相遇

06

台中｜東豐自行車綠廊&后豐鐵馬道

大甲溪畔綠緞帶

東豐自行車綠廊串連客家人文、落羽松祕境、石岡水壩和舊鐵道的歷史軌跡，終點續接后豐鐵馬道，一次網羅花樑鋼橋和百年隧道。

text 蒙金蘭　**photo** 何忠誠．MOOK

【關於后豐&東豐車道】

東豐自行車綠廊加上后豐鐵馬道，都是昔日的火車路線，現在改騎單車來感受沿途的風土民情，順便學習一段錐心刺骨的歷史，加上嶄新崛起的景點和店家，近17 公里的騎車路程倒也舒心愜意。

從舊東勢火車站出發，沿著廢棄鐵路一路騎行，欣賞沿線風景外，也像是回到火車還在行駛的過往歲月，耳邊風聲彷彿鳴笛聲，吹響沉睡在軌道底下的台中老故事。

Start!

東勢客家文化園區 —〈步行6分〉— 東勢國小站借iBike —〈單車1分〉— ❶ 東豐自行車綠廊 —〈單車25分〉— ❷ 情人木橋 —〈單車3分〉— ❸ 石岡落羽松 —〈單車3分〉— ❹ 九房3D立體彩繪村 —〈單車3分〉— ❺ 石岡穀倉 —〈單車6分〉— ❻ 0蛋月台 —〈單車1分〉— ❼ On On Nature 泱泱・自然 —〈單車5分〉— ❽ 石岡水壩 —〈單車5分〉— ❾ 200 days —〈單車2分〉— ❿ 榮町雜貨店 —〈單車1分〉— ⓫ 后豐鐵馬道 —〈單車5分〉— ⓬ 大甲溪花樑鋼橋 —〈單車2分〉— ⓭ 9號隧道 —〈單車11分〉— ⓮ 后里花博天空步道 —〈單車5分〉— 終點：后里車站還車

Start！

台中

東勢客家文化園區

舊火車站改頭換面

東勢客家文化園區的前身，其實就是舊東勢火車站，紅磚砌築的古老建築，依稀可見候車室的輪廓。內部有一些固定的陳列品，展出當地客家人早年食、衣、住、行的相關文物；也有規劃特展區，不定期更換新的主題內容。園區後側就是東豐自行車道的起點。

在附近的iBike站借車！

新娘轎旁的小轎，是給新娘的弟弟出任務所用。

內部展出當地客家人早年食、衣、住、行的相關文物。

紅磚砌築的古老建築，依稀可見候車室的輪廓。

東勢客家文化園區的前身其實就是舊東勢火車站。

Info

add 台中市東勢區中山路1號

tel 04-2588-8505

time 週二至週日09:00~17:00，週一公休。

FB 東勢客家文化園區

1

台中

東豐自行車綠廊

廢棄鐵道變身單車道

東豐自行車綠廊本來是台灣山線鐵道的東勢支線，貫穿豐原、石岡、東勢三地，是運送東勢盛產的木材及農特產品的重要路線，奈何一場九二一大地震，這一帶正好位於斷層帶上，成了重災區，沿途不但建築幾乎全毀，地貌也因而有所改變。

當時的台中縣政府決定把舊鐵道改建為自行車道，並且把月台、鐵軌、斷層景觀等適度保留，讓騎士們騎乘時除了可以欣賞沿線風光外，也對在地的歷史、地理有所了解。這條自行車道東起東勢客家文化園區，西至豐原與后豐鐵馬道接軌，全長約12公里，二〇〇〇年11月正式啟用，是全國第一條由廢棄鐵道改建的自行車專用道。

Info

access 自東勢客家文化園區進入，出口可接續后豐鐵馬道。（詳細見P.140地圖。）

東豐自行車綠廊率先把廢棄鐵道變成單車道。

2 台中

情人木橋

遠東跨距最長景觀木橋

從寬闊的豐勢路彎進小巷，在一條小巧的食水嵙溪上跨越了一座木橋，這座二〇〇二年打造完成的橋，完全沒有橋墩支撐，是台灣第一次引進的木橋建造技術，據說可防七級以上的地震。長40公尺，更是遠東地區跨距最長的木橋。站在橋上，如果天氣好的話，還可以望見遠處大雪山脈的鳶嘴山。

遠東地區跨距最長的木橋。

情人木橋據說可以耐受七級以上的地震。

情人木橋是台灣第一次引進木橋的建造技術。

情人木橋跨越小巧的食水嵙溪上。

Info

add 台中市石岡區萬興村豐勢路881巷

3 台中

石岡落羽松

優美松葉鳶嘴山在望

這幾年落羽松景觀大受歡迎，距離情人木橋不遠處的山下巷，也種植著好幾處落羽松林，四季變換著不同色彩，成為網友們追逐的打卡熱點。採訪時天氣尚未轉冷，所以松葉還沒變紅，幸運的是天氣非常晴朗，兩排落羽松間清楚看到山勢嶔崎的鳶嘴山，可說是更大的意外收穫。

兩排落羽松間清楚看到山勢嶔崎的鳶嘴山。

這幾年落羽松大受歡迎。

Info

add 台中市石岡區豐勢路山下巷13號

4 台中

九房3D立體彩繪村

與童話主角們開心互動

綠野仙蹤具有4D的立體效果。

九房3D立體彩繪村已成拍照打卡勝地。

石岡的九房巷本是一處寧靜的住宅區，隨著3D彩繪名師曾進成在這裡畫出多幅立體彩繪的童話故事，成為又一處遊客們趣之若鶩的拍照打卡勝地。隨著地圖的指引，可以循序找到巫婆的糖果屋、拇指姑娘、三隻小豬、七隻小羊、號稱4D的綠野仙蹤等場景，非常值得駐留開心拍下逗趣畫面。

九房是地名，位於台中石岡。

Info

add 台中市石岡區豐勢路九房巷

5 台中

石岡穀倉

見證歷史的日式穀倉

在九二一的強震之下，石岡地區的建築幾乎被摧毀殆盡，卻見日治時期一九三五年打造的日式穀倉仍屹立不搖，硬是躲過這場浩劫，可見地震比台灣更頻繁的日本，在抗震建築設計上果然有獨到之處。

石岡日式穀倉是台灣現存最完整的日式穀倉，是日本人以防震結構工法打造的碾米廠和稻穀存放間，透過刻意裸露的竹編夾泥牆面，可以看到紮實的細密構造，四周和隔間牆壁斜撐特別多，也是它穩固的重要元素。

石岡日式穀倉雖不在單車道的動線上，但不妨特地轉進來，瞻仰一下這座躲過劫難的重要歷史建築。穀倉另有喫茶空間「拾米。隅」，來這坐下來喝杯特有酸柑茶，品嚐歲月的味道。

酸柑茶是石岡日式穀倉特有的產品。

Info

石岡穀倉

add 台中市石岡區忠孝街160號 **tel** 04-2572-2764

time 09:30~17:00，週一至週三公休。

拾米。隅

time 10:00~18:00，週一至週三公休。

FB 拾米。隅

石岡穀倉在抗震建築設計上有獨到之處。

石岡日式穀倉歷史悠久。

6

台中

0蛋月台

新舊融合的舊車站

0蛋月台其實是昔日的石岡車站。

0蛋月台其實是昔日的石岡車站，也是早年零售攤商的集散地，「零售攤子」台語叫「零擔仔」，故名為「零擔月台」。目前除了留下一節火車廂及站牌外，還有3D彩繪名師曾進成的彩繪作品，所以也是這一帶的打卡熱點之一。

目前除了留下火車廂及站牌外，還有3D彩繪名師的彩繪作品。

Info

place 東豐自行車道旁，詳細位置見P.140地圖。

7

台中

On On Nature泱泱．自然

傳播自然生活理念

就在自行車道旁、0蛋月台不遠處有一間漂亮的房子，原木與玻璃的線條很像是品質不錯的民宿或潮流餐廳，但是如果沒有事先預約的話，只能吃到閉門羹。

原來這片園地的主人本以木造為業，二〇一三年決定到石岡定居，擯棄水泥、鐵皮等建材，為自己蓋了座「行動木屋」，有開放式的廚房、偌大的賞景窗、四周是可以自己耕作的農田，過起悠閒又健康的退休生活。沒想到這樣的生活理念，吸引到媒體與大眾的注意，經常有人前來參觀木屋，於是園主又打造了專供人參觀的木屋，以及可以坐下來吃頓飯、喝杯飲料的餐廳，讓每個人都能好好體會「退休生活當如是」的生活概念。泱泱．自然的餐飲走精緻、自然風格，用餐之餘可以參觀行動木屋及園區，感受大自然的魅力。

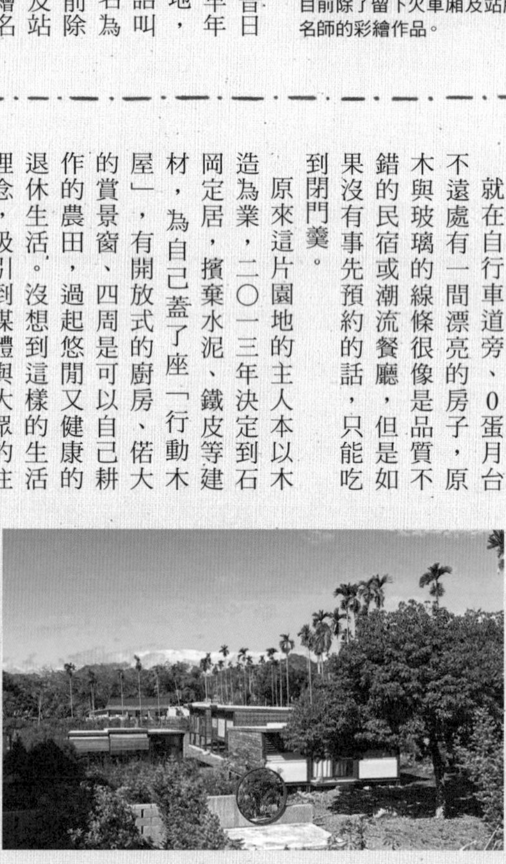

感受被自然包圍的魅力。

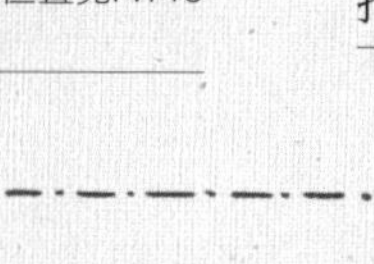

On On Nature非常注重天然採光。

Info

add 台中市石岡區石城街27號

tel 04-2572-4399

time 週三至週日11:00~18:00，週一、二公休。前往需事先預約。

FB On On Nature 泱泱自然

石岡水壩是完全由國人設計、施工的混凝土重力壩。

8

台中

石岡水壩
重大工程展新貌

石岡水壩位於大甲溪下游，主要功能在於供應大台中地區的用水、發電等民生所需，是一座完全由國人設計、施工的混凝土重力壩。無奈一場九二一大地震，水壩遭受嚴重損毀，連帶影響台中地區面臨嚴重缺水的危機。幸好在積極搶修下，二〇〇〇年底已修復完成。現在，石岡水壩展現了蛻變後的全新風貌。

Info

add 台中市石岡區豐勢路1238號

tel 04-2572-2830

time 08:00~18:00

9

台中

200 days
傳統冰品玻璃屋

200 days外觀迷人吸睛。

除了古早味的芋仔冰外，也喝得到新潮的飲料。

東豐自行車道1.1K附近，出現了一間閃亮的白色玻璃屋，映照著屋前一池水塘，外觀美得無論誰經過都忍不住好奇打探：「它在賣什麼？」開業短短半年多，已經是近悅遠來的網美朝聖地。

店主的本業是草湖老牌的芋仔冰，有鑑於芋頭從栽種到收成需要大約兩百天的時間，於是取了這個特別的店名，屋子裡裡外外寫著令人莞爾的標語，不禁佩服店主雖然販售傳統冰品，卻充滿跳躍的創意思考。除了古早味的芋仔冰外，也喝得到其他新潮的飲料。

Info

add 台中市豐原區朴子街178巷93號

tel 04-2572-2550

time 週三至週日10:00~18:00，店休日請上粉絲專頁查詢。

web www.huahsing1971.com

FB 200 days

10

台中

創意掛帥百貨小舖 榮町雜貨店

就在后豐鐵馬道旁邊的榮町雜貨店，是間名符其實的「雜貨」店，這裡什麼都賣：糖果、玩具、文具、冰品、簡餐、泡麵、飲料…商品甚至比一般雜貨店還齊全。

除了店面主體外，四周更有不少可愛造景，像是路邊麵攤、郵筒、公車站牌、大富翁等，都是老闆一手佈置出來的巧思之作，搭配一些有弦外之音的趣味標語，每個角落都能拍出獨特創意的網美照。

榮町雜貨店要什麼有什麼。

除了店面主體外，四周還有不少可愛造景。

裡外都是老闆一手布置出來的巧思之作。

Info

add 台中市豐原區朴子街259巷2號

tel 0932-625-832

time 09:00~18:00，詳細店休日見店家粉絲專頁公布。

FB 榮町雜貨店

榮町雜貨店每個角落都能拍出獨特創意的網美照。

沿途穿插著青翠的田園與鄉村景致。

11 台中

馳騁舊山線 后豐鐵馬道

后豐鐵馬道也是運用台鐵的舊山線整建的。

后豐鐵馬道北起后里馬場、南到豐原的國豐路三段，也是運用台鐵的舊山線整建的，沿途經過花博的天空步道、九號隧道、花樑鋼橋等獨特的公共設施，穿插著青翠的田園與鄉村景致，雖然全長只有短短4.5公里，但是景物此起彼落、精彩不斷，是賞心悅目又不太累人的輕快自行車道。

Info

access 從東豐自行車道出口出來後，可以直接進入后豐鐵馬道。

12 台中

昔日鐵道要角 大甲溪花樑鋼橋

Info

place 位在后豐鐵馬道上（詳見P.140地圖）

花樑鋼橋橫跨大甲溪之上。

大甲溪花樑鋼橋是結合力與美的工程傑作。

每兩個橋墩上都有一組圓拱形的鋼製桁架。

橫跨大甲溪的花樑鋼橋，可說是后豐鐵馬道上最亮眼的明星，它跨越大甲溪中游，原本是縱貫鐵路非常重要的聯絡橋樑，全長三百八十二公尺，每兩個橋墩上都有一組圓拱形的鋼製桁架，就是俗稱的「花樑」，可說是一九〇八年日治時期結合力與美的工程傑作。從這裡騎行而過，可以眺望遠方的高山以及溪畔風光，景色頗能療癒身心。

13

台中

九號隧道

穿越時空移轉的深長隧道

九號隧道已距離后里馬場不遠。

在隧道裡不見天日，出了隧道後綠意盎然、鳥語花香。

過橋之後不久，就進入長達1.2公里的隧道，感受騎車潛行穿越的獨特經驗。和大甲溪花樑鋼橋一樣，九號隧道也於一九〇八年完工，已有超過一百一十年歷史，是台鐵舊山線上最長的隧道。在隧道裡長時間不見天日，出了隧道後驀然綠意盎然、鳥語花香。

九號隧道也是后豐鐵馬道的代表性地標。

感受騎車潛行穿越隧道的獨特經驗。

Info

place 位在后豐鐵馬道上（詳細位置可見P.140地圖）。

time 夏令開放時間06:00~19:00；冬令開放時間06:00~18:00。

后里花博天空步道是台中花博期間興建的一段跨鐵路空中步道。

14

台中

往來空中走廊

后里花博天空步道

后里花博天空步道是台中花博期間興建的一段跨鐵路空中步道，可以串聯后里車站、森林園區和馬場園區，全長1.2公里，屬於森林系的空中走廊，又被稱為「花馬道」，夜晚配合燈光照明，相當漂亮。花博期間是讓行人可以居高臨下的穿梭便道，活動結束後被納入后豐鐵馬道的一部份，目前只有自行車和行人可以通行。

Info

place 台中市后里區（詳細見P.140地圖）。

后里花博天空步道串聯后里車站、森林園區和馬場園區。

鳥瞰后里花博天空步道。

水岸追風，山海河的相遇

08

南投｜日月潭環湖自行車道

馳騁山水與碧潭相依偎

日月潭最美在清晨薄霧、在夕照霞光、在騎著單車沿水岸徐徐而行，無論拜訪幾次，再次見到群山擁抱的碧綠湖水，依然深深迷戀。享受完湖畔清風，加碼一杯翠綠山巒佐精品咖啡就更完美了。

text Cindy Lee **photo** 張晉瑞．MOOK

【關於日月潭環湖自行車道】

日月潭自行車道曾被美國有線電視新聞網（CNN）旗下的旅遊生活頻道 CNNGO 選為「全球十大最美自行車道」，環潭自行車道約30公里，騎乘時間約3.5至4小時，路線穿插騎行於自行車專用道和環潭公路之間，隨著地勢高低起伏，對於一般人而言是需要毅力的大挑戰。

若只想悠閒輕鬆享受水岸美景，推薦環潭車道最精華的向山段，平緩無坡，沿途青山綠水伴行，意猶未竟下再繼續前行，挑戰需要點體力的月潭自行車道。

Start!

台中火車站或高鐵站 —〈台灣好行日月潭線〉— 水社碼頭 —〈租單車〉— ❶ 向山段自行車道

—〈單車10分〉— ❷ 水社壩堰堤公園 —〈單車10分〉— ❸ 向山遊客中心 —〈單車40分〉— ❹ 月潭自行車道終點

—〈單車5分〉— ❺ 阿爸食堂 —〈單車80分〉— 終點：水社碼頭
原路返回還車

Start!

南投日月潭

日月潭門戶
水社碼頭

在這裡借車吧！

水社碼頭是大多數人接觸日月潭的第一站，身為區域交通轉運樞紐，聯外及環湖巴士、搭船遊湖、租借腳踏車都可以在此找到最佳方案。水社碼頭位於日月潭北面的涵碧半島上，周圍形成機能完整的商圈，聚集無數餐廳、商店、民宿和旅館。

碼頭旁的木棧道往梅荷園方向散步，往上可抵達位於涵碧半島山腰的耶穌堂，此處曾是蔣介石夫婦做禮拜的教堂，鵝黃建築搭配白色羅馬列柱，樸素典雅。

沿著湖畔則進入涵碧步道，全長1.5公里的水岸木棧道，生態豐富、靜謐宜人。碼頭另一邊，水社親水步道可經朝霧碼頭至九龍口噴泉，木棧道依偎湖水，遠離遊人喧囂，享受涼風綠蔭。

【TIPS】
向山遊客中心和水社碼頭商圈皆有單車租賃服務，可視行程選擇租賃點，也可選擇電輔車，遇到上坡輕鬆許多，而且比較不用怕騎到沒電。

水社碼頭的商業、住宿和交通機能完整。

遠眺對岸的水社大山和伊達邵碼頭。

Info

add 南投縣魚池鄉水社碼頭

time 夏季07:00~18:00，冬季08:00~17:00。

1

南投日月潭

碧綠水灣上夢幻騎行
日月潭自行車道（向山段）

如果只想安排短暫輕鬆的單車體驗，向山段自行車道是唯一選擇。從水社碼頭到向山遊客中心，全長約3.4公里，全程人車分道且大多平緩無坡，一路沿著水岸前行，途經水社壩、日月潭出水口、永結同心橋等景點，層疊山巒伴隨水色天光，每一刻都是風景。

經過龍鳳宮月老廟後不久，即進入被CNN選為全球最美自行車道的畫面中，這一段四百公尺長的「水上自行車道」搭建於平靜如鏡的水灣內，放慢速度輕鬆滑行，彷彿低空飛過湖面，飛翔於倒映水上的浮雲山巒間。接近向山遊客中心前，永結橋和同心橋拉出兩道雪白色弧線，搭配隨季節變色的落羽松，浪漫如畫。

灣內湖水碧綠如鏡。

自行車道搭建於湖面之上。

Info

access 中興停車場旁的中興路12巷進入自行車道（詳見地圖P.146）

永結橋和同心橋吸引新人拍攝婚紗。

3

南投日月潭

如詩的眺望

水社壩堰堤公園

水社壩堰堤公園是日月潭湖水唯一出口，為了調節日月潭與明潭之間的水量所建。牽車漫步木棧道，茵綠草坡銜接波光粼粼的湖水，隨天光幻變，時而碧綠、時而青藍、時而金黃燦燦，遠方山嵐如絲，纏繞層巒疊嶂和若隱若現的慈恩塔。

距離水社壩不遠處，水面上有座圓形的水位調整池「溢水吐」，功能是排放日月潭多餘的水至水里溪，附近居民稱之為「天井」。溢水吐呈漏斗形，直徑約24公尺，由上往下漸漸縮小，接連於內徑約3.5公尺的隧道，總長兩百一十多公尺，一旦日月潭超過滿水位，就會自動流到溢水吐內排放。

堰堤公園木棧道視野開闊。

Info

add 南投縣魚池鄉水社壩（詳見地圖P.146）

3

南投日月潭

與水色山光共呼吸

向山遊客中心

清水模建築猶如湖畔大型地景雕塑。

景觀台懸空湖面之上，正對湖心拉魯島。

無邊際水池連結湖水。

從空中鳥瞰，向山遊客中心猶如雙手環抱日月潭的湖光山色。向山遊客中心由日本建築大師團紀彥所設計，兩個超大跨度頂版結構從平地拉出建築線條，斜坡式草皮可直通屋頂，大型拱門塑造半開放式的通透空間，引清風穿流，聚焦無邊湖景，水景、草皮及木紋清水模創造了人與自然對話的舞台。建築前棟為行政辦公室，後棟遊客中心展出當地產業與工藝藝術，並以多媒體導覽日月潭的自然人文與歷史。

走進遊客中心旁的自然生態小徑，約莫15分鐘的路程可抵達向山眺望平台，懸臂式觀景台離岸騰空伸出水面，270度的環繞湖景同時收攬日、月雙潭，湖心拉魯島彷彿也觸手可及。

Info

add 南投縣魚池鄉中山路599號

time 09:00~17:00

tel 04-9234-1256

4

南投日月潭

月牙灣玩水上活動

日月潭自行車道（月潭段）

遊人稀少的月潭段，重現自然幽靜。

薄山脊景觀台前須經過幾段陡上坡考驗。

月潭自行車道與公路交接處。

月潭段以向山行政中心為起點，往南沿著月潭南岸，經頭社壩、月牙灣至環潭1號隧道口止，全長約4公里。沿著水岸湖景騎行至月牙灣，遊人漸漸減少，恢復山幽水靜，這裏如同日月潭小祕境，湖面清澈碧綠、楊柳斜倚，似一輪溫柔彎月，靜靜高掛天空一角，因為水域平靜安全，成為適合獨木舟、立式划槳、或龍舟板等水上活動的地點。

自行車道離開月牙灣後開始遠離湖畔，林道間有數段設置單車牽引道的階梯，短短的路程需上升約40公尺，的確是一大挑戰，辛苦到達薄山脊觀景台後，居高臨下的田園山景是最佳犒賞，可以南眺頭社盆地，北望青龍山脈。繼續前行，經過幾個髮夾彎下坡即到達月潭段終點，接上環潭公路。

Info

add 南投縣魚池鄉月牙灣（詳見地圖P.146）

5

南投日月潭

吃一頓無菜單暖心料理

阿爸食堂

百年歷史的三合院古厝內傳來殷勤招呼聲，走進佛堂旁的飯廳，餐桌挨著七〇年代的厚電視、五斗櫃和老電話，就像回到鄉下阿嬤家用餐。

阿爸食堂沒有山珍海味，只有農村阿爸的手路菜，使用在地季節食材，採集後山的野菜，不添加味素，呈現食材原汁原味，家常菜多一點心思，創造出味覺驚喜，涼拌過貓葉嫩不刮舌，加入米香和可樂果增添爽脆口感；以紅茶控肉，軟嫩入味又不膩；只有阿嬤會做的紅龜粿，內餡包裹綿密的紅豆花生，外皮煎得恰恰酥香，不黏牙的甜蜜收尾讓人滿足。夜裡，三合院稻埕點上黃燈，架起紅色大圓桌，與好友家人共享一頓辦桌式熱鬧人情味。

早已走進歷史的老式電話機。

採集後山野菜，烹煮一桌樸實溫暖的農家菜。

三合院古厝裡品嚐人情味。

附拉門的老電視勾起童年回憶。

Info

add 南投縣魚池鄉平和巷78號

time 11:30~13:30，17:30~19:00。 **tel** 0965-338-651

web www.sunmoonhome.com/food

note 為預約制的無菜單料理

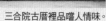

順遊

祕境咖啡廳

南投日月潭

蠻荒咖啡

精品咖啡與精緻甜點雙重奏

若因為每個角落都好拍，就把蠻荒咖啡定位為網美咖啡館，實在太對不起主理人 Alex 烘製的好咖啡。

蠻荒咖啡原本是魚池市區一間不起眼的居家型咖啡館，以咖啡香累積許多老顧客，Alex 回憶起2014年開業之初，以茶葉聞名的南投有如精品咖啡的蠻荒之地，品牌由此命名。2019年遷址擴大營業，改造舊鐵皮屋，以大面積落地玻璃搭配不同角度開闔的木隔柵，成為台21線上最亮眼風景。蠻荒2.0一開幕就成為熱門打卡地標，1樓呈現純白通透的現代簡約風格，中島型吧檯是挑高空間的核心，展現咖啡專業的自信，將窗外連綿翠綠的山景留給消費者，二樓擁有更開闊的視野，色彩繽紛的座椅增添活潑氣息。

雖然絕美空間總奪走焦點，蠻荒咖啡未曾忘記初衷，Alex 具備咖啡品質評鑑師的資格，同時有烘豆及研磨萃取證照，對自家咖啡當然講究，嚴格選豆杯測、親自烘培，以發揮並控制單品咖啡豆的風味，經咖啡師手沖萃取，在高、中、低溫下釋放多層次的馥郁香氣。驚艷的不只咖啡，蛋糕和餐點樣樣到位，Alex 的姊姊有甜點師背景，並聘請專業顧問共同研發，每款甜點都像藝術品，精緻誘人，餐點上堅持對食材品質的要求，份量及味道均達到一定水準。

二樓勻亮淨透，玻璃帷幕引山景入室。

透明樓梯有如網美的時尚伸展台。

台21路上最亮眼的精品咖啡館。

可頌、咖啡和棉花糖分別代表日月潭的山巒、湖水和午後陣雨。

Info

add 南投縣魚池鄉文化巷41號

time 10:00~18:00，詳細店休日見粉絲專頁公布。

tel 04-9289-7903

FB Desolatecoffee/蠻荒咖啡

南投日月潭

鹿篙咖啡莊園

遼闊茶園裡品咖啡香

Info

add 南投縣魚池鄉香茶巷31-6號
time 09:00~17:00
tel 04-9289-5520
FB 鹿篙咖啡莊園

連綿茶園佐一杯開啡香。

室外階梯觀景平台營造休閒感。

提供自家栽種、烘焙的咖啡。

在寬敞挑高的空間中放慢腳步、放鬆心情。

連綿起伏的茶園梯田頂端，座落一棟極具設計感的現代建築，幾乎360度無死角的最佳視野，留給開闊的戶外平台，倚坐木質階梯，沈浸漫無邊際的蒼翠，呼吸茶園與山林糅合的清新氣息， 許一下午舒心暢懷。

台灣農林公司轉型休閒觀光，繼推出日月老茶廠、苗栗銅鑼茶廠和大溪老茶廠後，將觸角伸向咖啡界，比照茶葉產銷一貫化作業的方式，鹿篙咖啡莊園也以提供100%自種、自採、自製、自銷的台灣咖啡豆為賣點。充沛的霧氣與露水是咖啡樹成長茁壯的關鍵，魚池鄉的微地形和微氣候 育咖啡的特殊風土氣味，建築另一邊山坡種滿12.5公頃咖啡樹，或許是初涉咖啡領域，自家莊園豆還有成長的空間。

莊園也提供台灣農林擅長的茶葉，包含魚池的紅玉紅茶、大溪的有機碧螺春綠茶、銅鑼的東方美人茶以及紅水烏龍茶，集各處茶廠的精華於一處。中島區則有咖啡豆以及果乾、蜂蜜、純天然醬油等訴求天然的在地物產，離開前還能外帶伴手禮。

水岸追風，山海河的相遇

08

台南｜安平堤頂自行車道

通往大海的生態廊道

沿著鹽水溪河岸朝出海口騎行，翠綠隧道盡頭，蔚藍大海被夕陽暈染一片瑰麗，
偷得半日時光，開啟一次集結歷史人文、濕地生態、夕照沙灘與老街美食的小旅行。

text & photo Cindy Lee

【關於台南安平】

逃離陰冷潮濕的北部冬季，府城的暖暖陽光正揮手招喚。安平是台灣史上最早的港口，歷經荷蘭、明鄭、清朝、日本等時代，皆為台灣主要的貿易港，府城繁華由此而始，處處古蹟和美食，不分平假日皆吸引無數遊人，想避開車潮和停車問題，自行車是遊覽安平地區最佳的代步工具。

從安平港的輝煌年代出發，在德記洋行和樹屋內看見貿易鼎盛的風華，走進夕遊出張所認識台灣鹽業發展，騎進安平老聚落，穿梭迷宮般的巷弄搜尋劍獅蹤影，與緩慢生活感在街角相遇。轉頭進入鹽水溪畔自行車專用道，御風向西，蔥鬱綠色隧道通往湛藍海洋，紅樹林、海口濕地與內海水道交疊安平港的時空，踩踏雙輪經過昔日商港與現代的生態保育基地，等待沙灘盡頭落入大海的夕陽。

台南火車站 — 搭乘台灣好行「安平台江線」至安平樹屋下車 — Start! 安平樹屋&德記洋行 — 步行5分 — 1 夕遊出張所 — 步行2分 —

T-Bike水景公園站租車 — 單車3分 — 2 松霖鍋燒始府 — 單車5分 — 3 安平老街 — 單車3分 —

4 墨樂咖啡 — 單車2分（安北路與安平郵局交叉口進入自行車道） — 5 安平堤頂自行車道 — 單車10分 — 四草大橋 — 單車3分 —

6 NINAO Gelato蜷尾家經典冰淇淋 — 單車5分 — 終點：T-Bike水景公園站還車

Start！

台南安平

聽榕樹說安平港故事
安平樹屋&德記洋行

德記洋行建於同治六年（一八六七年），當時由經營茶葉貿易出口的英商所設，日治時期售予臺灣製鹽株式會社，光復後改為台鹽的辦公室。拱廊環繞白色樓房，東西折衷的建築型式見證清末台灣外商貿易的歷史，內部則分區展示大航海時代文物、洋行緣起、貿易航運路線等。

樹屋原為德記洋行的倉庫，荒廢數十載後，榕樹佔據空間，形成如吳哥窟般的奇幻景觀，早已分不清老榕樹與殘破磚牆的附生關係。木棧道環繞樹屋，上下穿梭樹葉枝幹，盤根錯節的氣根緊緊包覆磚牆，鋼構骨架勾勒鏤空屋型，茂密綠葉鋪蓋成瓦。葉隙篩落陽光，微塵與鬚根在悠緩微風中迴旋漫舞。樹屋旁的空橋連接景觀台，台灣府開港、外商船隻舳艫相接的熱鬧景象已不復見，視野從鹽水溪出海口、台江內海水道、紅樹林展延至台南市區，寧靜的水道只有偶爾行經的觀光船隻，延續安平港的百年故事。

從二樓拱型迴廊看向庭院老樹。

Info

add 台南市安平區古堡街108號

time 08:30~17:30

tel 06-391-3901

白色迴廊與綠釉圍欄的雙層洋房，簡約典雅。

橫跨生態池的空橋步道。

樹屋原為德記洋行的倉庫。

老榕樹樹根包覆磚牆，綠葉遮蔭如頂。

1

台南安平

尋找開運生日鹽 夕遊出張所

靜謐的後院彷彿京都人家。

早期台南沿海安平、七股、將軍一帶都是製鹽產業興盛的地區，夕遊出張所昔日為「臺灣總督府專賣局台南支局安平分室」，鄰近鹽田、煎鹽工廠、鹽區倉庫等，在製鹽產業鏈中扮演相當重要的據點，光復初期更改為員工宿舍，提供鹽務總局的家屬住宿。

「夕遊出張所」名字取自鹽的日文しお（發音 sio），出張所則是出差的意思，和洋折衷的木造建築質樸可愛，以鹽為主題的展覽，帶領遊客從視覺與味覺進入安平鹽業歷史。在三百六十六種色彩繽紛的小鹽山中尋找自己的生日鹽，執小木槌輕輕敲開雪鹽燒，沾著彩色鹽的鹽焗蛋好玩又開運，或是坐在屋後檐廊下，嚐一口鹽花霜淇淋，將濃濃的日式風韻融化在此刻。

366種生日鹽各有含義。

販售鹽花霜淇淋的木窗口，小巧可愛。

Info

add 台南市安平區古堡街196號
time 10:00~18:00
tel 06-391-1088
web www.tnshio.com

2

台南安平

安平家常懷舊味 松霖鍋燒始府

關於安平的回憶總是與豆花、鍋燒麵牽扯不清，原本開在豆花店內、販售手搖泡沫飲和鍋燒麵的小吃攤，二〇一七年自立門戶重新裝修，以復古懷舊的文青風二代店再出發，續煮這道讓安平人和遊客都念念不忘的經典。松霖鍋燒始府的湯頭以豚骨蔬果細火慢熬，特製蛋香意麵上堆疊澎湃配料，最特別的是獨門黑胡椒肉片，稍有厚度的溫體豬肉片經48小時醃製，黑胡椒香混合清甜溫潤的湯汁，組成一碗不簡單的暖暖家常味，若想來點變化，也可嘗試韓式泡菜、北海道牛奶、田園蕃茄、南洋咖哩等口味的濃郁湯頭。

復古地磚拼貼懷舊風情。

老店新裝，延續安平人的熟悉家常味。

黑糊椒醃製豬肉片是這碗澎湃鍋燒的獨門祕方。

Info

add 台南市安平區安北路427號
time 10:30~21:30
tel 06-3915057
web www.song-lin.com.tw

3

台南安平

迷路找劍獅

安平老街聚落

三百多年前，荷蘭人在安平建立第一條街廓，安平老街（延平老街）因此有「台灣第一街」的稱號，擁擠熱鬧是老街不分平假日的常態。離開老街人潮，騎腳踏車轉進寧靜巷弄，紅磚古厝、畫牆壺巷、小廟宇、半邊井、文青小店和民宅經緯交織，共譜府城生活感，不經意邂逅門楣上的劍獅和屋頂風獅爺，滿足小偵探的探索樂趣；穿梭蜿蜒曲折的巷弄中，尋找在地海口人最愛的「阿美深海鮮魚湯」、飄香五十年的「啞巴麵店」，迷路也很美好。

Info

add 台南市安平區延平街附近巷弄

安平聚落依然保留許多日式老屋。

民宅門簷或照壁上的劍獅是傳統避邪物。

邂逅巷弄中散步的貓咪。

巷弄中發現可愛壁畫。

4

台南安平

怦然心動的戚風誘惑

Meller墨樂咖啡

安北路不起眼的民宅之間，小黑板低調手寫著店名，綠色植栽圈繞一窗森林，玻璃窗內一室簡約淨白，木質家具、乾燥花和多肉植物營造舒服自在的居家氣氛。墨樂咖啡的招牌戚風蛋糕擁有讓人怦然心動的魅力，裝飾的季節水果如寶石璀璨，緩緩下滑的奶油滿溢邪惡誘惑，切一塊抹茶戚風送入口中，像掉進鬆軟綿密的抹茶雲朵，瞬間被溫柔承接，抹茶奶油甜而不膩，發散淡雅茶韻，草莓的酸香又將味覺幸福感推向另一個高峰，墨樂的戚風蛋糕讓安平多一個再訪的理由。

口感像抹茶雲朵鬆軟的戚風蛋糕。

風格簡約淨白，安靜而放鬆。

木吧檯和綠色植栽隔離街道喧囂。

Info

add 台南市安平區安北路53號

tel 06-229-4367

time 10:00~18:00，週二公休。

FB Meller

5

台南安平

安平堤頂自行車道

一路向西，從森林到大海

彷彿進入不見盡頭的綠色森林。

途中有不少景觀台和小碼頭，可觀察水鳥生態。

四草大橋橫跨出海口，橋下沙灘可觀夕踏浪。

乘著府城的微風暖陽騎上河岸堤防，鹽水溪與天空交界，紅樹林畫出深綠色帶，遊覽台江四草的觀光船劃破平靜水域，傳來導覽聲音，沒一會兒恢復午後寧靜，看似靜止的小碼頭傳出窸窸窣窣聲響，泥地裡的招潮蟹、樹林間跳耀的水鳥又開啟覓食日常。

堤頂自行車道總長僅約一公里多，沿著鹽水溪河岸的安平端騎行至出海口，筆直平坦，適合親子同遊。一進入自行車專用道就被綠意包圍，夾道樹林羅織綠廊，沿途水岸景觀台可觀察豐富的水鳥生態，車道盡頭，細白沙灘綿延至金光閃耀的海洋，四草大橋橫跨出海口，等待夕陽開啟一場瑰麗絢爛的表演。

Info

access 可從安北路與安平郵局交叉口或是王城路底進入自行車道

沿著鹽水溪堤岸愜意騎行。

6

台南安平

南霸天冠軍霜淇淋
NINAO Gelato蜷尾家經典冰淇淋

台南霜淇淋扛霸子蜷尾家落腳安平白鷺灣社區，不同於正興街的日本風情，蜷尾家經典冰淇淋有如清水模建築的美術館，大片玻璃帷幕灑落天光，挑高三層的室內空間寬敞透亮。LOGO則是一隻手上拿著冰淇淋和湯匙的劍獅，巧妙地結合安平地區的文化。

蜷尾家以義式冰淇淋為主軸，口味每天略有差異，大多是以當季水果為基底製作的雪酪。創辦人二〇一五年前往日本參加義式冰淇淋世界巡迴賽，以「La Dolce Vita de Tè 茶的甜蜜生活」獲得亞洲區銀牌，備受肯定的滋味也在店內以「蜜香紅茶冰淇淋」呈現，阿里山蜜香紅茶結合台灣特有的荔枝蜂蜜，綿柔細膩的冰霜化成尾韻悠長的茶香，蜂蜜的甜味讓茶韻更鮮明，撒上增加口感的酥脆黑米香，正適合一日單車小旅行的甜美句點。

阿里山蜜香紅茶搭配台灣特有的荔枝蜂蜜。

Info

add 台南市安平區安北路720號

time 週一至週五11:00~18:00，週六、日11:00~21:00。

玻璃帷幕貼上安平生態、文化意象的窗貼。

階梯剪影隨日光游移。

氣派清水泥建築彷彿現代美術館。

09

高雄旗津

悠長沉浸漁村日和

**把自行車牽上渡輪船，迎著海風開啟旗津這座臨海小鎮。
兼有海景、公園綠地與人文古蹟的旗津，多種風情適合以雙輪的速度瀏覽，
騎車穿過喧鬧老街，與明媚海景並肩齊行，感受小鎮流動的海風與日常。**

text 李芷姍　**photo** 蔡嘉瑋

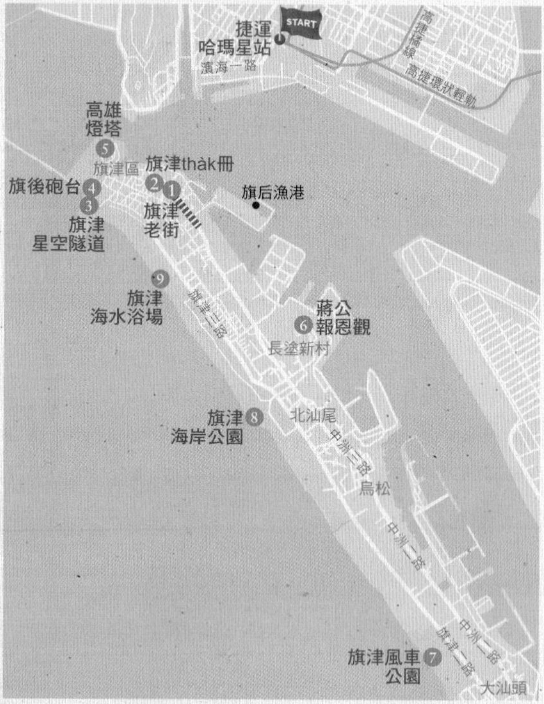

【關於高雄旗津】

位於高雄西側的旗津為一座沙洲半島，是漢人在高雄最早的開發地。過去作為打狗港門戶，旗津曾經是人聲鼎沸的貨物集散中心，古老砲台、熱鬧老街，還有三百年歷史的天后宮，呈現港都發展的縮影，老高雄的魅力盡皆凝聚於此。

沿著一望無際的湛藍海灣，政府規劃了一條全長17公里的單車路線「旗津環島踩風自行車道」，路線從緊鄰海灣綠意盎然的海岸線，連接反映漁村日常風景的街道線，高雄第一條街道、最早的媽祖廟還有全台第一間禮拜堂長老教會，各種海岸人氣 IG 打卡點，都能夠在一日內一網打盡。

Start!

捷運哈瑪星站 租YouBike — 搭乘渡輪至旗津5分 — ①旗津老街 — 單車2分 — ②旗津thàk冊 — 單車3分 —

③旗津星空隧道 — 徒步5分 — ④旗後砲台 — 徒步4分 — ⑤高雄燈塔 — 單車10分 — ⑥蔣公報恩觀

— 單車12分 — ⑦旗津風車公園 — 單車8分 — ⑧旗津海岸公園 — 單車4分 — ⑨旗津海水浴場

— 搭乘渡輪至哈瑪星5分 — 終點：捷運哈瑪星站 還車

Start!

捷運哈瑪星站

在這裡租YouBike吧！

主要大道上，特色小吃香氣四溢。

古早味畫糖人甜蜜不膩口。

1

高雄旗津

旗津老街

高雄第一街

牽著單車搭乘渡輪，不到10分鐘即可抵達旗津最熱鬧的老街。一八六二年清朝於旗後設關，正式開港通商，從此以後旗津的船隻往來絡繹不絕，發展成高雄最繁榮的首善之區。以香火鼎盛的天后宮為中心，高雄第一座診所、洋行、教堂等，都是源自於此。連接渡輪碼頭與海水浴場的主要大道遊人如織，油炸黑輪、烤魷魚等當地小吃陣陣傳香，露天海產店以琳瑯滿目的活跳海鮮誘人食慾，有如全天候的廟會節慶。踩著單車穿梭老街找美食，還可以深入探索四周巷弄，港口、旗後山、天后宮與市街地景藉由單車連成一線，交織出老旗津的生活印記。

Info

add 高雄市旗津區廟前路

time 全日開放

油炸黑輪非常可口。

2

高雄旗津

旗津thák冊

以文字敘述旗津老故事

這裡是旗津唯一的書店。

店裡各種互動設計，讓讀者交流彼此思想。

Info

add 高雄市旗津區通山路42巷2號

time 週五至週日11:00~18:00

FB 旗津thák冊

前身為漁工老宿舍，這間旗津唯一的書店保留過往居民生活的痕跡，咕咾石牆搭配花地磚，展現新舊交融的風貌。店內有許多適合親子共讀的繪本，以及關於旗津和高雄，還有漁業文化等主題書，另外為推廣台語，店主也收集了許多台語文撰寫的書籍，讓外來遊客透過文字，與在地產生更深刻的連結。在店裡不妨多花點時間，翻閱別地方找不到的書籍，坐下來嚐店主手沖的芳醇咖啡，用身體感受漁村獨特的時空氛圍。二手書區採自助式，讓顧客自由定價，看到喜歡的書本，由自己決定價值寫下金額，各種互動設計，讓讀書成為思想的交流媒介，也傳遞屬於高雄和旗津的故事記憶。

書店保留過往居民的生活痕跡。

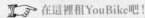

3
高雄旗津

旗津星空隧道
驚艷視野自行車道

壁面夜光彩繪。

從隧道周遭可看出軍事碉堡的痕跡。

幽藍隧道吸引遊客前往探祕。

在往旗後砲台、高雄燈塔的步道旁，有一條自行車可通達的星空隧道，隧道內鋪設木棧板，幽暗深邃的壁面使用夜光彩繪十二星座、海底世界等壁畫，走在期間彷彿漫步星辰海洋，讓人大開眼界。

貫穿旗後山的星空隧道，過去是作為軍事用途，從隧道周遭的碉堡可以感受到往昔軍事用地的樣貌。高雄市府把這條荒廢通道整治彩繪，讓星空隧道一躍成為人氣觀光景點，每逢假日湧入大批人潮，單車也得用牽的才得以通過。隧道內灌入清涼海風，眼前星空景色神祕又浪漫，走出洞口視線豁然開朗，浪花陣陣拍打，湛藍海洋壯闊無垠，又帶來另一種視覺饗宴。

Info

add 高雄市旗津區廟前路1巷

time 全日開放

4
高雄旗津

旗後砲台
360度全景眺望

遠眺沙灘海景。

旗津半島扼守高雄港，自古以來據重要軍事地位。清康熙年間在旗後山頂興建砲台，採中國式八字門八字牆樣式，搭配蝙蝠刻文、階梯面等傳統樣式，保留了中國營區建築的特色。

把自行車停在山下，拾階往上步行至砲台，眼前豁然開朗，駁二碼頭、鼓山渡輪站、直到高雄港的輪廓盡在眼下鋪展，外港大船點綴海平線，再看砲台門楣上的「威震天南」四字，更感到壯闊非凡的氣勢。

中國式營區建築特色。

清康熙年間建的砲台保留至今。

Info

add 高雄市旗津區後山

tel 07-222-5136

time 全日開放

廣闊視野令人舒心。

5

高雄旗津

高雄燈塔

守望港都的雪白燈塔

從砲台沿著步道走，不過多時就會看到旗後山頂一座優雅的白色燈塔。高雄燈塔最早從一八八三年由英國人建造，日本時代再於燈塔旁建造白底黑頂的八角形圓頂磚塔，燈塔提供照明已逾百年，守護著進出高雄港的船隻。走到燈塔旁的平台，高雄港的船隻艦艇，深藍廣闊的台灣海峽盡收眼底，毫無阻礙的廣闊視野讓心情也跟著海闊天空。

Info

add 高雄市旗津區旗下巷34號

tel 07-571-5021

time 4月1日至10月31日09:00~18:00、11月1日至3月31日09:00~17:00，週一公休。

燈塔旁的平台可以眺望整個高雄港。

最早由英國人建造的高雄燈塔。

6

高雄旗津

蔣公報恩觀

青天白日蔣公廟

發展為寺廟的報恩觀。

報恩觀供奉著的蔣介石銅像。

告別遊客集中的旗後區域，往南來到當地人日常生活的街巷中，在實踐新村發現把蔣公當神明祭祀的特殊寺廟。兩層樓高、正廳祀奉蔣中正像的「蔣公報恩觀」，由來台移居的大陳人所建造，一九五五年國軍將大陳島上兩萬八千名居民撤退至台，其中約四千人來到旗津，從事漁工、碼頭工人等職業。旗津共有兩座蔣公廟，其中報恩觀原為防空洞，蔣介石去世時居民搭建祠堂弔唁，後逐漸發展為寺廟。內部裝飾國旗與青天白日穹頂，除主神蔣介石之外，也祭祀大陳當地的阮弼真君、漁師大神與三官大帝，在時代早已改變的今日，反映出獨特的歷史背景。

Info

add 高雄市旗津區實踐里中洲路374巷63弄40號

time 全日開放

蔣公報恩觀的王船。

7

高雄旗津

旗津風車公園

風車彩霞最療癒

隨著海風輪轉的風車。

旗津風光從老街，到大船為背景的無垠海洋，怎樣也看不厭倦，佔地寬闊的旗津風車公園，以隨著海風滴溜輪轉的風車為矚目焦點，7座三葉式風車利用風力發電，供給公園內的照明設備，雪白風車在藍天碧海襯托下畫出悠長的白色線條，騎單車駛過時似乎也能夠感受到一陣陣潮風的力量。公園內大片綠草皮讓遊客放風箏、野餐，黃昏時也是觀賞落日的絕佳地點。

騎單車駛過可以感受海風吹拂。

公園幅員遼闊讓遊客可以放風箏或野餐。

Info

add 高雄市旗津區旗津二路
tel 07-571-2500
time 全天開放

8

高雄旗津

旗津海岸公園

超人氣打卡點

海岸公園設置許多裝置藝術。

以風車公園為折返點，沿著海岸騎行至旗津海岸公園，優美的灣岸自行車道長約11公里，沿途椰影搖曳，藍色海洋相隨，讓鐵馬騎行帶來無比舒暢感。公園內有貝殼館展示約兩千種貝殼與相關知識，並設置許多大型裝置藝術，像是陽光下金燦閃耀的海貝殼、五彩線條組成的彩虹教堂等，吸引遊客爭相大海為背景，拍攝超人氣IG打卡美照。

三角彩虹教堂。

Info

add 高雄市旗津區旗津三路990號
tel 07-571-8290
time 全天開放

方形的五彩線條彩虹教堂。

9

高雄旗津

最美落日細沙灘 旗津海水浴場

回到旗津廟前路的起點，綿長細緻的黑色沙灘遍布海岸，炎炎夏日可以看到許多遊客戲水找清涼，眺望著遠方入港的大船做日光浴。旗津海水浴場以一望無際的海景風光、綿長優美的夕照，以及柔軟細砂馳名，長久以來是高雄人夏日週末遊憩的好去處。海水浴場設有木棧步道、自行車道、大型露營區等設施，每年舉辦的黑沙玩藝節，展出造型搶眼的黑沙雕以及夜間點燈秀，吸引遊人絡繹不絕。

海水浴場著名打卡景點。

Info

add 高雄市旗津區廟前路1號

tel 07-571-4876

time 全天開放

FB 旗津海水浴場

騎行在柏油路上，旁邊就是湛藍大海與沙灘。

佔地廣闊的海水浴場亦有展演舞台。

木棧步道沿著沙灘延伸。

水岸追風，山海河的相遇

10

屏東｜環灣自行車道

與藍寶石潟湖同行

腳踩單車繞行大鵬灣，在海風陪伴下感受灣岸的萬種風情。
筆直平整的環灣自行車道，是一條老少咸宜的騎行路線，
沿途可盡攬潟湖和紅樹林景致，以及寧靜的東港漁村風光，從自然到人文一網打盡。

text 李芷姍　**photo** 蔡嘉瑋

【關於大鵬灣】

位於東港與林邊交界的大鵬灣，是台灣少見的大型潟湖，水域廣闊平靜，繁茂的紅樹林蘊藏豐富生態。緊鄰大鵬灣有一條長約16.4公里的環灣自行車道，繞行一周約2小時左右，鋪設良好的車道平緩易行，非常適合租台單車，感受親水樂活的旅遊步調。一路上微風徐徐、陽光普照，而車道旁茂密紅樹林和優美的潟湖風光一路相隨，景色開闊變化豐富，彷彿乘著海風騎走，讓心情大為舒暢，都會的塵囂與瑣事也都拋到了腦後。

Start!

崎峰社區活動中心租單車 — 單車3分 — 1 環灣自行車道 — 單車6分 — 2 濱灣碼頭 — 單車8分 —
3 鵬灣跨海大橋 — 單車15分 — 4 鎮海宮 — 單車5分 — 5 東隆宮 — 單車2分 — 6 葉家肉粿 — 單車4分 —
7 華僑市場 — 單車18分 — 8 大鵬灣國家風景區 — 單車8分 — 9 落日灣 — 單車9分 — 終點：崎峰社區活動中心還車

Start!

崎峰社區活動中心

在這裡租車吧！

自行車道騎起來很舒適。

繞行大鵬灣一周。

1

屏東

灣岸樂活單車遊

環灣自行車道

位於台灣南端的屏東大鵬灣，一年到頭似乎總是天氣晴。自行車道繞行大鵬灣一周，沿途經過落日灣、跨海大橋等景點，並有分佈完善的廁所與休憩處。在崎峰社區活動中心可租借單車，半天一百元，全天兩百元，平日需先以電話聯絡管理者，此外夏季天候炎熱，建議可早晨或傍晚騎車環灣，較為涼爽。

大鵬灣景色優美。

Info

add 屏東縣東港鎮大鵬灣國家風景區

tel 崎峰社區活動中心08-875-0472

time 全日開放

車道一路延伸到天際線。

遠方可以看見鵬灣跨海大橋。

濱灣碼頭的主體建築濱灣之心。

開放式圓頂造型被稱為海上巨蛋。

濱灣碼頭進駐不少店家。

2 屏東

濱灣碼頭

耀眼璀璨海灣之心

濱灣碼頭是大鵬灣的帆船基地，獨特潟湖條件，讓有風無浪的大鵬灣成為風帆運動勝地，每年4月舉辦的大鵬灣帆船生活節，海內外風帆好手齊聚一展身手。

騎車沿著碼頭眺望艷藍海灣，兩百公尺長的人工白沙灘，營造舒適宜人的度假氣息，主體建築濱灣之心，開放式圓頂造型又被稱為海上巨蛋，採用鋁板配合彩色玻璃覆蓋的穹頂經過陽光照射，煥發閃亮明媚的光彩，為港區視覺帶來全新亮點。

採用鋁板配合彩色玻璃穹頂。

Info

add 屏東縣東港鎮濱灣公園碼頭

tel 大鵬灣帆船基地08-875-8555

time 碼頭全日開放，大鵬灣帆船基地09:00~19:00。

3

屏東

跨越海灣的白色弧線

鵬灣跨海大橋

連繫東港南平里與嘉蓮里兩地，長五百七十九公尺、橋面寬30公尺的鵬灣跨海大橋，在大鵬灣岸畫出一道優雅美麗的白色線條。三向度設計的斜張橋，側看有如船隻揚帆，背面則為A字型，遠觀近看各有不同魅力。寬闊自行車道讓單車騎士可以沿著緩坡，輕鬆地騎到橋面高點，一方為寧靜潟湖，一方為廣闊遠海，一望無際的風光讓人心曠神怡。

為了便利潟湖內遊艇港船隻往來，鵬灣跨海大橋設計成全台首座開啟式橋樑，週末和國定假日固定會舉辦開橋秀，逢整點也會表演動態光雕秀，七彩霓虹燈光照亮大鵬灣夜空，為夜晚染上神祕夢幻的色彩。

鵬灣跨海大橋為開啟式橋樑。

側看如帆船，從後面看則像A字型。

平穩如鏡的灣岸風景。

在橋上眺望大鵬灣。

Info

add 屏東縣東港鎮南平路612號

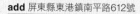

4

屏東

鎮海宮

中西建築的美學融合

鎮海宮主祀七代巡蘇府千歲，為東港七角頭廟之一。富麗堂皇的建築內雕刻繁複精美，堪比歐洲的巴洛克式教堂，建築結構以太極所衍生的八卦為設計意象，援用東港「船大工」的船藝技術，塑造出線條流暢弧度柔和的廳堂曲線。知名雕刻師蔡明海師徒以細膩的立體木雕，把內殿裝飾得美輪美奐。天井雕刻各種魚類水族，呼應東港在地漁業文化，歐洲風格的飾板與彩繪，搭配道教的飛天仕女雕刻，展現東西式宗教美學的巧妙融合。

知名雕刻師蔡明海師徒細膩的立體木雕。

鎮海宮天井雕刻各種魚類水族。

裝飾得美輪美奐的內殿。

鎮海宮為東港迎王七角頭之一，崙仔頂角的公廟。

中西合併式的雕刻藝術。

Info

add 屏東縣東港鎮鎮海里鎮海路42號之5

tel 06-832-7777

time 06:00~22:00

web www.8327777.org.tw

5

屏東

東隆宮

文化遺產王船祭

金箔裝飾的金製轅門。

東港東隆宮是重要的王爺信仰中心。

Info

add 屏東縣東港鎮東隆街21-1號

tel 08-832-2961

time 05:00~23:00

FB 東港東隆宮

東港人稱為「王爺廟」的東隆宮，是重要的王爺信仰中心。宮內主祀溫府千歲，每三年一科的迎王平安祭典已有三百多年歷史，是全台最大的王船祭典。東隆宮建築最大特色之一，就是俗稱「山川牌樓」、富麗堂皇的金製轅門，金箔裝飾的牌樓在陽光下閃爍耀眼，夜晚燈光投射下更顯光燦輝煌。

東隆宮至今仍保留班頭、責杖改運等傳統，最大祭典迎王平安祭典為期8天7夜，信眾恪守古禮執行「請王」、「過火」、「出巡遶境」等儀式，最後在海邊燃燒滿載金紙等物資的王船，將代天巡狩驅除疫病邪祟的五府千歲送回天庭，祈求居民的平安健康。

信眾們的祈福木牌。

東隆宮的裝飾精美展現工匠手藝。

6

屏東

葉家肉粿

香濃滿足的古早味

這間有五十年歷史的老店，每天一開店顧客即絡繹不絕。瓷碗中盛裝片狀的碗粿，以及香腸、櫻花蝦、鹹豬肉等，再加上魚骨和米湯熬煮勾芡的風味湯汁。碗粿彈嫩爽口，與豐富配料碰撞出不同的口感，加入桌上附的蒜汁、辣醬、甜辣醬，為風味增添層次感，小小一碗，讓人感到無比滿足。

片狀碗粿搭配香腸、櫻花蝦、鹹豬肉等，並加入勾芡湯汁。

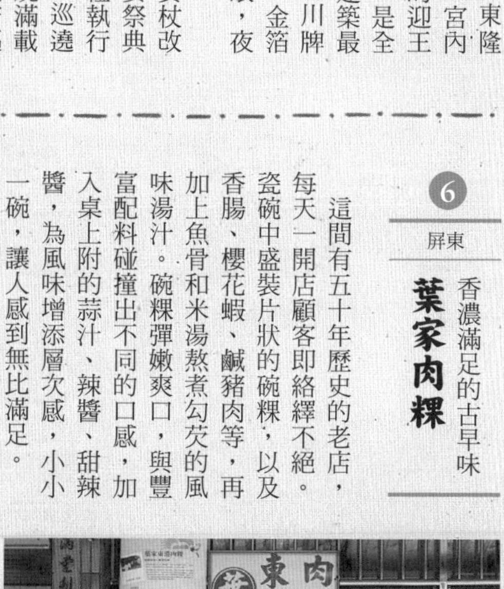

顧客絡繹不絕，有當地人也有觀光客。

Info

add 屏東縣東港鎮光復路三段156號

tel 08-832-9218

time 09:00~15:00

FB 葉家肉粿

華僑市場
東港美食嘉年華

以實惠價格提供新鮮生魚片料理。

現切生魚片與炙燒握壽司。

緊鄰東港渡船頭的華僑市場為午後開市的黃昏市場，二層樓的建物內聚集琳瑯滿目的漁獲海鮮，現撈魚蝦物美價廉，還有飄香的現炒魚鬆，東港櫻花蝦、黑鮪魚等生猛海鮮美食任君挑選。到市場尋味的遊客眾多，許多攤位索性改成日本料理攤，以實惠價格提供壽司生魚片，坐在攤前大啖佈滿油花的黑鮪魚腹肉，品嚐東港現撈旗魚生魚片等，彷彿來到日本函館的海鮮魚市，別有一番風情。

彷彿來到日本函館的海鮮魚市。

現撈海鮮
任君挑選。

美味的海鮮丼現場料理。

許多攤販乾脆改成日料攤。

Info

add 屏東縣東港鎮朝隆路39號
tel 08-833-9969
time 10:00~18:30，年度休市日可上粉絲專頁查詢。
FB 東港觀光華僑市場

8

屏東

海天一色的生態景致

大鵬灣國家風景區

大鵬灣遊客中心的大門。

大鵬灣國家風景區位於西南部海岸的屏東縣東港鎮和林邊鄉交界處，在政府和民間努力下，積極開發成一處兼具休閒娛樂與生態教育的旅遊勝地。範圍包括「大鵬灣風景特定區」及「琉球風景特定區」，區內擁有海洋、沙岸、珊瑚礁、潟湖等地形，兼具人文歷史、自然生態等景觀。

想知道關於大鵬灣國家風景區的旅遊和生態訊息，走一趟大鵬灣遊客中心就對了。館內藉由影片和靜態展示，介紹大鵬灣豐富多元的自然人文。遊客中心亦提供旅遊諮詢、借書站等服務，寬闊園區內綠樹圍繞，景色宜人，是自行車環灣的絕佳休憩點。

綠色的大鵬灣風景。

Info

add 屏東縣東港鎮大潭路169號（大鵬灣遊客中心）

tel 08-833-8100

time 09:00~18:00。

9

屏東

迎接絕景夕照

落日灣

規劃完整的自行車道。

蓬勃生長的紅樹林。

兼具實用與遊憩功能。

Info

add 屏東縣東港鎮落日灣

time 全天開放

早期大鵬灣周遭養殖漁業興盛，在落日灣建造了養殖漁戶的共同取水池，灣區步道與自行車道規劃完善，兼具實用與遊憩功能。紅樹林蓬勃生長，落日灣是潟湖畔欣賞夕陽的最佳景點之一，騎車經過整齊的大排及水圳，美麗的夕陽餘暉籠罩四周，橙紅夕陽與水域相映成趣，景色如詩如畫。環灣之旅可以此為終點站，欣賞完彩霞夕陽，再心滿意足踏上歸途。

落日灣是欣賞夕陽的最佳景點。

11

宜蘭｜南方澳環線自行車道

小漁港的海味與潮味

大啖餐桌上的海味、感受漁市裡討海人的熱情、在山海的間隙聽浪濤歌唱、與療癒的美味甜點不期而遇，南方澳的漁港味，有點鮮、有點潮。

text Cindy Lee　**photo** 劉曉天

【關於南方澳】

南方澳是三面環山的天然良港，台灣現代漁業發展的起點，五〇至六〇年代漁業蓬勃發展，為三大漁港之一，也是東部遠洋漁獲的重要基地，又被稱為「鯖魚之鄉」。七〇年代後因漁獲減少，漁業蕭條，人口開始外流，漁港逐漸轉型觀光，第一漁港滿滿的海鮮快炒店吸引饕客前來。

漁港範圍不大，卻值得深入探索，除了品嚐新鮮魚產，這裏有難得一見的地質景觀、浪漫的沙灘海灣、異國風小餐館、豐富的討海人文化、還有巷弄裡沉澱心靈的咖啡館，踩踏自行車，跟隨南方澳慢速前進，迎向混雜各種味道的海風，偷一日悠閒。

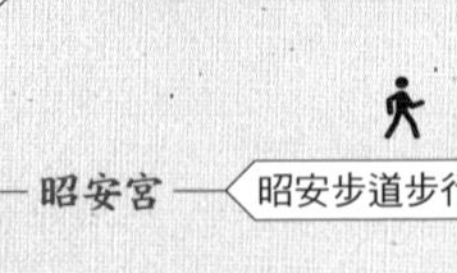

Start!

蘇澳火車站 — 步行6分 — 捷安特租車 — 單車13分 — ① 三剛鐵工廠文物館 — 單車1分 — ② 酒橙塔

— 單車4分 — ③ 南方澳觀光漁市 — 單車5分 — 昭安宮 — 昭安步道步行15分 — ④ 南方澳觀景臺

— 步行10分 — 昭安宮 — 單車2分 — ⑤ 內埤情人灣 — 單車5分 — ⑥ 賊仔澳玻璃海灘 — 單車4分

⑦ 豆腐岬 — 單車10分 — ⑧ 阿通伯魚丸 — 單車2分 — ⑨ 與潮珈琲 — 單車13分 — 終點：蘇澳捷安特還車

一樓堆滿各種大型機具。

【TIPS】
南方澳目前沒有專門出租腳踏車的店家，底達蘇澳火車站後，可步行至蘇澳鎮上的「GIANT 捷安特一就是單車生活館」租腳踏車。若有計畫留宿一晚，住宿南方澳的 The New Days，旅店有提供腳踏車出租服務。

Start!

蘇澳火車站

步行前往租車點！

1

宜蘭南方澳

見證漁港黃金歲月

三剛鐵工廠文物館

在南方澳漁業蓬勃的五〇年代，因應對漁船的大量需求，生產船用機器和維修漁船的鐵工廠也相繼而興。民國51年，三位各自學有專精的師傅兼好友自詡組成「金剛陣容」，創立「三剛鐵工廠」，七〇年代後漁獲減少，漁船改用玻璃纖維材料，鐵工廠一間間收業，三剛也在民國93年決定結束營業，二代廖大慶為了留下漁港的歷史記憶，原址成立文物館，是南方澳地區現存最老的維修漁船鐵工廠之一。

狹小走道的兩側堆放各種機械工作母機，灰泥牆面上，白色粉筆留下潦草字跡，滿滿的電話號碼和日期勾勒舊時光景，2樓則展示舊照片以及私人收藏的佛像，若幸運遇見館長，還能聽到許多鐵工廠的故事。

以工業零件創作小機器人。

Info

add 宜蘭縣蘇澳鎮漁港路81號

time 09:00~17:30

tel 03-996-2465

2

宜蘭南方澳

產地餐桌零距離

酒橙塔

離開漁港路喧鬧的觀光人潮，巷之隔，充滿生活感的南安路隱藏一間僅12個座位的小餐館，南方澳長大的孩子，在澳洲打工幾年後返鄉，運用漁港最新鮮的海產搭配義大利麵，復刻澳洲的悠閒食光。推薦必點「黑嘛嘛鮮抽墨魚燉飯」，中卷霸氣佔滿圓盤，一口咬下，齒間爆發的鮮甜爽脆就是南方澳滋味，第二口搭配青醬，又是另一番地中海風味。其他餐點的海鮮份量也沒在客氣，鮭魚當然厚切，整片鮭魚掩蓋義大利麵，炸魚薯條則使用肉質鮮嫩又難處理的鬼頭刀，以在地食材烹調異國風味，且作為鎮上少數供應調酒的店家，也成了在地青年聚會小酒館。

小餐館也是漁港稀有的小酒吧。

蘭陽金棗入味調製氣泡飲，暑氣全消。

Info

add 宜蘭縣蘇澳鎮南安路89號

time 11:00~20:00，週二、三公休。

tel 03-995-4121

FB 酒橙塔 Lemon Lime & Bitters

鮮甜爽脆的中卷搭配墨魚燉飯，最能代表南方澳滋味。

3

宜蘭南方澳

南方澳觀光漁市

主廚饗客報到，現撈仔最鮮

南方澳有3個漁市，第一漁市主要拍賣旗魚、鯊魚等大型魚類，供作罐頭等加工食品的原料；第二漁市又稱南寧市場，每天下午3至5點間最熱鬧，一艘艘近海漁船入續進港，帶來新鮮漁獲，當地餐廳、魚販和老饕熟客蜂擁而上，吆喝叫賣聲和議價聲此起彼落；第三漁市則以定期供應大量漁獲給特定的冷凍加工廠為主。二〇二一年3月下旬，漁港路旁出現一棟亮眼地標，改建完成的第一漁市為一棟4層樓的白色建築，設計成「大船入港」的意象，未來將取代南寧市場的觀光漁市功能，規劃直銷攤位、魚貨加工廠、全台首創魚體切割室，並提供代客料理的服務。

活跳跳海鮮等待饕客賞識。

Info

add 宜蘭縣蘇澳鎮內埤路185號(南寧魚市場)

time 08:00~18:00

每天下午3點，漁船入港帶來新鮮漁獲。

採買挑選後，可直接請市場內的海產店代客烹調。

4

宜蘭南方澳

南方澳觀景臺

第一景觀席，擁抱漁港海灣絕景

南方澳最驚艷的視角就在台9線蘇花公路一百零八公里處。把腳踏車停在內埤漁港旁的昭安宮，循宮廟旁的階梯向上，連接通往南方澳觀景臺的昭安步道，之字型蜿蜒的林蔭步道大約步行15分鐘，走過步道盡頭的涵洞，三百六十度山海相連的壯闊在眼前展開，重現蘭陽八景之一的「蘇澳蜃市」。南方澳觀景臺海拔約一百四十公尺，正下方為南方澳漁港，西倚蓊鬱翠綠的虎頭山，東面眺望蘇澳灣、筆架山、豆腐岬與內埤海灘，天晴時龜山島也清晰可見。

觀景台正對第二漁港和筆架山，右側為內埤海灘。

順著昭安步道的林蔭上坡緩行。

位於山腰的木棧板觀景台視野遼闊。

Info

place 台9線蘇花公路108公里處(詳見P.172地圖)

5

宜蘭南方澳

內埤情人灣

讓心放空的純粹海景

沿著沙灘漫步，享受海天一色的蔚藍。

從第二漁港轉進學府路，穿過幾排民宅，視野豁然開朗，白沙展開微笑弧度，向遠方翠綠山丘蔓延，細沙混合各種紋路、色彩不一的小礫石，陽光下閃閃發光，徐徐海風淨化一切雜沓，留下最純粹的白、綠、藍。

內埤海灣從前如同南方澳居民的私家沙灘，氣氛靜謐，常有情侶來散步踏浪，又被稱為「情人灣」，近年來海灣開設幾間可眺望太平洋的咖啡館，變成網美打卡拍照的熱點。

海灣沙灘邊座落不少景觀咖啡館。

Info

place 宜蘭縣蘇澳鎮內埤路北濱公園旁（詳見P.172地圖）

【TIPS】

內埤海灣為「陸降型海灘」，離岸幾公尺看起來還算平坦，但超過十公尺就是急遽下切的深溝，一個長浪就能快速把人捲走，為了個人安全，請勿下水。

6

宜蘭南方澳

賊仔澳玻璃海灘

海岬間的祕境玻璃海灣

三面峭壁圍繞一方小沙灘，曾是海賊的祕密基地。

陸連島筆架山的外側，有一處神祕的無人沙灘，從懸崖向下望，果凍色漸層碧藍親吻嶙峋銳利的黑色岩角，一彎小沙灘被三面峭壁包圍，形成隱匿的內凹海灣，據說這裡曾是海賊的祕密基地，因此被稱為「賊仔澳」。由於人跡罕至，卻一度成為不肖人士傾倒垃圾的地點，海浪長年拍打廢棄玻璃瓶，打磨成五顏六色的圓潤玻璃，遍佈整個沙灘，所以又名「玻璃海灘」。

小心翼翼抓著鐵鍊和繩索攀爬下降，大約3分鐘左右可下達沙灘，下坡不難，回程卻需要一點體力。此外，雨天路滑，不建議前往，而夏季鐵鍊燙手，最好帶雙手套備用。

Info

place 宜蘭縣蘇澳鎮造船路（詳見P.172地圖）

7

宜蘭南方澳

豆腐岬

青碧海底祕密花園

豆腐岬位於南方澳漁港的東側，弧狀凹槽面向海洋，礁岩狀似豆腐，所以得名「豆腐岬」，由於這是陸連島與連島沙洲連貫而成的地形，又稱「沙頸岬」，是全台最大的沙頸地形。豆腐岬水質清澈，外海黑潮帶來許多海洋生物幼苗，範圍不大的海域就孕育一百多種珊瑚，五顏六色的熱帶魚悠游珊瑚礁間，如同美麗的海底花園，海堤內波緩浪靜，適合從事浮潛、獨木舟或立槳等水上活動。沿著岬灣步道前往礁岩海崖，終點有座佇立懸崖邊的舊碉堡，壯闊海景與廢棄建築的強烈對比，吸引許多人前來打卡。

海堤內平靜如潭，孕育多種珊瑚礁和熱帶魚。

海灣適合從事水上活動。

Info

place 宜蘭縣蘇澳鎮（南方澳漁港東側，詳見P.172地圖）

8

宜蘭南方澳

阿通伯魚丸

傳統單純的漁村味

飛虎魚（鬼頭刀）是南方澳的重要漁獲之一，鎮上有許多販售飛虎魚丸的店家，能拿下南方澳第一屆魚丸製作比賽口味獎第一名，阿通伯魚丸必有過人之處。阿通伯是個退休漁夫，研究魚丸十多年，找出製作魚漿的黃金比例，他每天以新鮮的鬼頭刀製作魚絞肉，添加蛋、豬夾心肉、豬油和提味油蔥酥打成魚漿，燙煮後Q彈扎實，吃得到鮮嫩海味。更特別的是煙燻魚雜，包含鯊魚煙、魚肚煙、花枝煙、曼波魚皮煙、魚翅尾煙、魚卵煙、飛卷煙……等，以紅糖燻得入味，在地人也常常外帶回家當下酒菜。

鑽研魚丸十多年才找出魚漿的黃金比例。

鬼頭刀魚丸湯和鮮魚湯都是阿通伯拿手招牌。

Info

add 宜蘭縣蘇澳鎮漁港路73號

time 週一至週五09:30~17:30，週六、日~18:00，週三公休。

tel 03-996-3985

9

宜蘭南方澳

轉角遇見一陣香甜溫柔的風

與潮珈琲

為了一間咖啡館，出發去遠方，與潮珈琲給旅人多了一個前往拜訪南方澳的理由。

南天宮媽祖廟旁的巷子尾，木窗扉流露溫暖黃光，像引導漁船歸航的燈塔，引人好奇張望，民宅一樓的轉角店面沒有招牌，僅留下斑駁鐵捲門外的紅字「喜生行」，重疊前屋主生活的印記。推開門，咖啡香摻甜品氣味，混合成溫柔舒適的午茶氛圍，讓人瞬間忘了自己還身處小漁村。

內部以灰色牆面搭配簡單木質桌椅，空間不大，似日本街頭的小咖啡館。老闆娘之前在新竹墨咖啡工作，婚後跟著先生返鄉開業，依然支持老東家的豆子，手沖咖啡風味乾淨明亮，主要分為衣索比亞的豆子和墨咖啡的獨家配方豆，也可升級一加一版本，搭配一杯濃縮咖啡，或是點杯不一樣的義式咖啡，品嚐咖啡與牛奶、冰淇淋、黑糖、香草或黃檸檬激盪的味道。菜單選用烘焙紙，暗示老闆對甜點的自豪，沒有精緻浮誇的外表，甜而不膩的輕柔淡香在舌尖化為一聲滿足，若有機會嚐到每日限量5份的四葉薯之捲，便是旅程最幸運的事。

老屋的前身印記留在咖啡館外牆。

木窗凝結漁港的日常。

Info

add 宜蘭縣蘇澳鎮江夏路6號
time 10:00~17:00，週二及週日公休。
tel 03-997-1986
FB 與潮咖啡

四葉薯之卷以四葉鮮奶油、栗子地瓜、牛奶糖製作，香氣濃郁、清爽不膩。

小夫妻共同經營的溫暖木質調空間。

水岸追風，山海河的相遇

番外

深澳鐵道自行車&舊山線鐵道自行車

慢騎鐵道自行車

換一種方式騎乘自行車，享受老舊鐵軌翻修過後的新風景，
聆聽車輪行駛軌道的「框啷、框啷」聲，以與眾不同的視野，品味台灣山與海的美麗。

text & photo MOOK

軌道上色體鮮豔設計可愛的車廂。

穿越基隆最美海岸線：深澳鐵道自行車

無論搭乘火車或客運，很快就能抵達基隆或八斗子，然後啟程走步道、聽海、騎車、看展、拜訪台灣的威尼斯、享美食，以國立海洋科技博物館為核心，既有依山傍水的戶外步道、又有內容豐富的室內展覽，向東可乘著四輪腳踏車探索昔日的深澳火車支線，向西可前往這兩年最夯的正濱港口彩色屋打卡，臨別前再到基隆廟口夜市打牙祭，基隆一日遊健康又療癒。

慢駛海岸風景線

要搭乘深澳鐵道自行車，可以從八斗子站或深澳站上車。其中基隆的八斗子火車站是全台離海邊最近的火車站，也是唯一跨越基隆市與新北市兩縣市的車站，光是位置就非常獨特，且從月台即可眺望太平洋。

深澳鐵道自行車道並不是一般的自行車道，而是利用昔日一條運載糖、鹽、煤等物資的「五分仔車」所遺留的軌道，改裝成腳踩動力四輪車的行進路線，往返於八斗子火車站和深澳火車站之間，這段支線曾經被稱為「台灣最美的海岸支線」，單程1.3公里，悠閒緩慢地前進，沿途欣賞彩繪、光雕隧道、海景、煤礦遺址等，頗有復古情懷。看著一個又一個色體鮮豔、設計可愛的車廂在鐵軌上慢行也是這條鐵道自行車值得一看的風景。

鐵道上慢行的小小車廂。

潮境公園有許多裝置藝術。

望幽谷濱海步道眺望北海岸海景。

Info

深澳鐵道自行車

add 新北市瑞芳區建基路二段121號

tel 02-2406-2200

time 09:00~17:00。防疫期間僅接受預約旅客，搭乘前記得先上網完成訂位。

price 單程NT$150，來回NT$250。

web www.railbike.com.tw

潮境公園

add 基隆市中正區北寧路369巷

簡單北海岸一日遊

結束鐵道上的漫遊，從八斗子火車站順著海的方向一路向北，會穿越一座橘紅色小橋，左手邊出現停滿漁船的漁港、右手邊開始出現驚濤拍岸的海蝕平台，就是進入潮境公園的途徑。公園裡有規劃完善的枕木步道，還有開闊的草原及涼亭，草原上散落著不少裝置藝術，都成拍照的打卡熱點。天氣好的時候，向東可以望見遠方雞籠山、與山腰處的九份聚落，向北則基隆嶼的輪廓清晰可見。

潮境公園左側有一條陡上的步道，順著這條步道，十餘分鐘就可登上這一帶最高的一〇一高

爬上階梯，前往忘幽谷濱海步道。

坐在正濱港口邊，欣賞輪船出入。

正濱港口著名的彩色屋景。

夕陽照射下的正濱港口。

地，從不同的角度俯瞰基隆嶼；從一〇一高地繼續前進，很快就可接上望幽谷濱海步道。

從八斗子到東北角這一帶的岩石，由於長期受到強烈的東北季風、颱風和漲潮時的巨浪侵襲，逐漸形成海蝕洞、海蝕崖、海蝕凹壁等，海蝕平台上經常可看到釣客或潛水客的身影，沿著望幽谷忽高忽低、錯落有致的步道前進，彷彿欣賞一場3D立體的海洋地質展，聲光效果臨場感百分百，在高空盤旋的大冠鷲或黑鳶就像有線拉著的風箏一般，忽遠忽近的樣子頗有卡通效果。走到步道的另一端，還可俯瞰八斗子漁港，爬山看海兼「賞鷹」，一舉好幾得。

如果還有時間，也建議可以搭乘公車前往位在中正區的正濱港口，不少新創立的文創小店林立，比如已經開了二店的圖們咖啡，以及東瀛風格冰店海那邊，年輕力量為老港口帶來新氣象。知名的「正濱彩色屋」也是來基隆必訪的打卡熱點，尤其天氣晴朗時，海面如鏡，彩色屋映照在海面上，更是美不勝收。

Info

正濱港口彩色屋

add 基隆市中正區中正路

海那邊冰店

add 基隆市中正區中正路529號

tel 02-2462-0538

time 每月營業時間見店家粉絲專頁公布。

FB 海那邊

圖們咖啡

add 基隆市中正區中正路551號

tel 02-2462-8727

time 週一至週日11:00~19:00，週四公休。

FB 圖們咖啡 tuman café

「海那邊」在冬天時會販售甜湯。

圖們咖啡深藍色的店面外觀。

吧檯後面可以看見店員忙著料理飲品。

充滿海港風情的店內裝潢。

「海那邊」藍白色調的簡單店面。

設計成火車頭樣貌的鐵道自行車。

踩著鐵道自行車，在舊山線上眺望龍騰斷橋。

高架鐵橋橫跨山川美景。

隧道中以投影展示舊山線的前世今生。

勝興車站成為了這片山林最熱鬧的地方。

徐行在山中鐵道：舊山線鐵道自行車

穿越時空回到上個世紀，「勝興以前叫做十六份，這裡老一輩的居民，都是從山裡帶著橘子、木炭等下山，搖搖晃晃搭火車運到平地賣錢。」老勝興人說道。火車奮力冒著煙，翻閱重疊青山，沿著苗栗三義、勝興，穿越幽深隧道和鐵橋，一路蜿蜒到台中后里，寫下屬於舊山線的往日回憶。

不敵講究效率的時代潮流，曾經繁忙的舊山線功成身退，舊山線最高點勝興彷彿被停留在時空夾縫中，木造車站內，遺留著手寫時刻表與木造售票窗，除了離開的乘客和車潮，仍舊頑固地保存著往昔模樣。

舊鐵道上騎自行車

靜看百年歷史荏苒，勝興車站經過廢線後的沉寂，二〇一八年夏天隨著新登場的鐵道自行車又再度甦醒。效法挪威、德國、韓國等地活化鐵道的模式，鐵道自行車取代台鐵列車，讓民眾可以

Info

舊山線鐵道自行車

add 苗栗縣三義鄉14鄰89號（勝興車站）

web www.oml-railbike.com

price A路線：勝興車站－龍騰站（經龍騰斷橋），每人NT$275。

B路線：龍騰站－勝興車站（不經龍騰斷橋），每人NT$220。

C路線：龍騰站（經龍騰斷橋）－鯉魚潭，每人NT$275。

note 一般遊客網路訂票開放訂購時間：A、B、C路線為乘車日前45天內（任何一天均可訂票），訂票時間自上午09:00起，開放24小時均可訂票（採網路訂票）。其餘注意事項可上官網查詢。

手寫時刻表與木造售票窗。

穿越隧道迎接旅人的是滿目綠意。

自行車雖設有踏板，但主要以馬達發動。

雄偉的龍騰斷橋。

騎鐵馬、過山洞，從鐵軌上探究舊山線綠意盎然的美麗風景線。

過去被台鐵員工稱為「好漢坡」的舊鐵道沿線坡度起伏大，自行車雖然設有踏板等設備，但其實主要以馬達發動，稍微催一下手把，就可以愜意翻山越嶺，悠哉地拿起手機拍攝沿途風景。

穿越漫長的二號隧道，深不見底的隧道送來陣陣涼風，午後凝滯的暑氣一掃而空，隧道中投影百年來山線鐵道的圖像故事，真有一種穿越時光隧道的錯覺。

穿出隧道，迎接眼簾的是滿目綠景，和公路平行的鐵道經過農舍後院、漫行在野花和蝶舞之間，冬日暖陽溫柔包圍，緩慢的行進速度配合鐵軌空隆作響，慵懶得讓人想打盹。

嫻靜的鐵道山水畫

鐵道經過龍騰，雄偉的龍騰斷橋就在身旁，從高處俯瞰，斷橋顯得小巧許多，和綿延山勢潺潺流水，共組成一幅嫻靜的山水畫。

經過讓有懼高症的人捏把冷汗的高架鐵橋後，自行車一連穿過三座隧道，最後在終點站鯉魚潭折返。等待車輛掉頭的時間，我們踩著鐵軌步行到隧道盡頭，鯉魚潭幽深的碧水蜿蜒在重山之中，徐徐山風吹得精神一爽。

自行車循原路回程，在這段鐵道自行車途中，熟悉的台灣丘陵風景溫柔流轉，看著青山綠水放空，就像是拜訪許久未見的老朋友一樣，懷念的感覺讓心窩暖呼呼的，心情自在又療癒。

○新北新店
○台北
○台中潭雅神
○嘉義
○高雄
○台南
○屏東
○台東

part

3

城市探索，熟悉與陌生的縫隙

那些城市似曾相識，在記憶裡浮現模模糊糊的刻板輪廓。這一次，騎上單車深入熟悉或陌生的角落，以不疾不徐的速度凝視，重新愛上一座城市。

01

新北新店碧潭

遊山玩水，碧潭風景區享閒情

步出捷運新店站，輕鬆就可以玩遍碧潭吊橋、和美山、河濱公園、運動公園、老街，看到美麗的景色、吃到在地的美食、坐到全台僅存的人力渡船，不禁讚嘆新店好美又好玩！

text 蒙金蘭　photo 何忠誠

【關於新北新店】

位於台北市南側的新店，是北台灣發展得相當早的風景名勝區，尤其是以碧潭吊橋這一帶的新店溪為核心的碧潭風景區，從很久以前就是戀人們約會、談情的熱門地點，在捷運通達之後，更成了毫不費力、人人可及的優美遊憩區。

平易近人的碧潭風景區，有山、有水、有文青咖啡廳、有老街美食、有燦爛的夜景，只要藉著捷運、雙腳和單車，就可以輕鬆獲致內容豐盛的一日遊，無論你住在台灣哪個角落，千萬別錯過這個唾手可得的一日閒情。

Start!

新店捷運站 —〈步行3分〉— 1 新店老街 —〈步行8分〉— 2 碧潭渡船頭 —〈搭船5分〉— 新店渡船頭

3 和美山自然步道 —〈步行40分〉— 4 碧潭吊橋 —〈步行10分〉— 5 海貓亭 —〈步行8分〉— 新店捷運站

—〈單車5分〉— 6 參號倉庫咖啡 —〈單車15分〉— 7 陽光運動公園 —〈單車15分〉— 8 新店光明街

—〈步行3分〉— 終點：新店捷運站

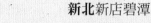

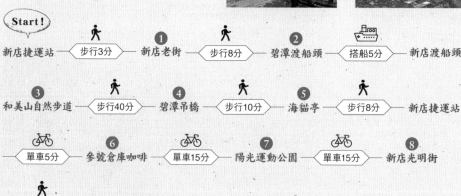

Start!

新店捷運站

老街距離新店捷運站很近。

有機會遇到古早味的「叭噗」車。

1

新北新店

新店老街

從早到晚隨時有驚喜

步出捷運站走路其實不用3分鐘，就可以抵達這條歷史悠久的老街。這一段新店路因為鄰近河運之便，早從清朝道光年間，就成為景美、木柵、安坑、烏來等地農作物及日用品的集散地，道路兩旁各種商鋪林立，不同時段也都有不同的小販到此兜售貨品，鎮日裡生意盎然。

時至今日，老街以上午的早市最為熱鬧，包括蔬菜、水果、肉品、日用品和各式小吃應有盡有，即使過午人潮散去，還有機會遇到古早味的「叭噗」車。老街上永遠都可以偶遇驚喜。

Info

add 新北市新店區新店路

time 從清晨到夜晚，各店家營業時間不一

2

新北新店

碧潭渡船頭

同船共渡自是有緣

從碧潭吊橋到渡船頭這一段新店溪，因為水色澄碧，所以被喚作「碧潭」，兩岸之間有渡船往返，是全台僅存至今的人力擺渡！短短不到5分鐘船程，早年是重要的交通工具，現在則是體驗情趣更重於實際功能。小小的船上，一群不期而遇的陌生人，結一段「十年修得同船渡」的短暫緣分。

靠捷運站這一側的溪畔道路，已經規劃成舒適的自行車道，道旁一整排「水岸街坊」有咖啡廳、餐廳、個性商店等，悠閒的氣氛非常迷人。

Info

add 新北市新店區新店路36號

price 單程每人NT$30

兩岸之間有渡船往返。

十年修得同船渡。

碧潭擁有目前全台僅存的人力擺渡。

3

新北新店

和美山自然步道

山不在高有景則靈

和美山不高，最高點只有一百五十二公尺而已，路程也不遠，20分鐘左右就可以攻頂，但是只要天公作美，站在山頂不但可以俯瞰整個碧潭風景區，連台北一〇一也在眼簾之中，襯著遠山，入眼的景色跟登上百岳一樣過癮！

和美山雖然距離人群這麼近，這些年在相關單位的努力之下，生態復育得還不錯，沿路一直有蝴蝶相伴，春夏甚至還可看到螢火蟲。步道分為藍線水岸和綠線親山兩大主軸，之間有迴路相通，登山的人可以依照想看的景致來選擇路線。

和美山自然生態復育得還不錯。

Info

add 新北市新店區永業路81巷13弄14號

只需20分鐘左右就可以攻頂。

沿途綠意盎然。

和美山步道終點仍有民宅。

「碧潭」果然名不虛傳。

④

新北新店

碧潭吊橋

市定古蹟上欣賞小赤壁

早期碧潭兩岸沒有橋樑連接，因此居民往返需要倚賴擺渡，一旦遇上大雨滂沱，溪水暴漲湍急，非常危險，日治時期於是開始策畫興建橋梁。

目前所看到的碧潭吊橋，始建於一九三七年，幾經重修，不但已名列新北市的市定古蹟之一，更儼然新店區最具代表性的地標。站在橋上，望向西側的和美山沒入新店溪前形成陡峭的崖壁，有點像是縮小版的長江峽谷，因此有「小赤壁」的美稱。水面上天鵝造型的遊船來來往往，好一份閒情逸致。

「小赤壁」聲名遠播。

從碧潭吊橋欣賞碧潭之美。

目前所看到的碧潭吊橋，始建於一九三七年。

5 新北新店

海貓亭

拉麵社團年度推薦

離開碧潭吊橋，不妨將路線延伸到新店路的底端，拉麵社團年度推薦的北部地區排名第六的大黑馬「海貓亭」就位在半山坡上。

雖然叫做海「貓」，小巧店門的可愛 LOGO 畫的卻是一隻海鷗，一問之下才知原來因為海鷗叫聲似貓，在日本也有「海貓」之稱。海貓亭以平實的價格，販賣道地日式口味的拉麵，其中「溫醇雞白湯拉麵」是首訪必選，自製麵條軟硬適中，雞白湯頭濃而不膩，舒肥叉燒呈現漂亮的粉紅色，若還有胃口，再點一碗白飯做成湯泡飯也非常美味；此外，「海貓拌麵」則是老饕隱藏首選，清爽拌麵搭配豐富配料，份量更是飽足感十足的兩球麵，既美味又能讓胃口獲得絕對滿足。

海貓亭價格平實，日式口味道地美味。

Info

add 新北市新店區新店路27號

time 17:30~20:00，週四公休。

FB 海貓亭 うみねこ亭

6 新北新店

參號倉庫咖啡

精挑細選文青風咖啡茶品

參號倉庫咖啡氣氛幽靜。

手沖咖啡採用的是Coffee Stopover所烘焙的咖啡豆。

濃郁的文青氣息、可愛的店狗，躲在寧靜巷子裡的參號倉庫咖啡，對於飲品的選材相當講究，手沖單品咖啡採用的是台中 Coffee Stopover 所烘焙的咖啡豆，義式咖啡也是由 Coffee Stopover 所提供的組合配方，而紅茶與綠茶則來自台東縱谷的立品有機茶園，花草茶則是採用德國的 Samosa 有機花草茶。

此外，店裡的甜點也頗具特色，包括蛋糕、布丁、抹茶捲、厚片吐司…等，不過每天的甜點會不太一樣，有興趣拜訪前，不妨上臉書查看一下今日公布的即時訊息。

Info

add 新北市新店區力行路3號

tel 02-2915-0662

time 週三至週日10:00~18:00，週一及週二公休。

FB 參號倉庫咖啡 No. 3 Cafe'

可愛的法鬥店狗。

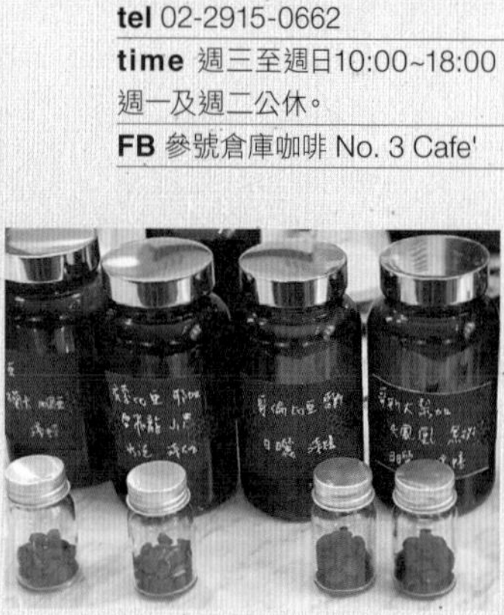

參號倉庫咖啡對於飲品的選材相當講究。

7 新北新店

陽光運動公園

遼闊綠地坐賞光雕夜景

陽光運動公園夜景比白天更美。

陽光運動公園距離捷運新店站稍遠些，是距離捷運小碧潭站更近些的另一處河濱運動公園，闊達20公頃的綠地上，有自行車道、沙灘排球場、直排輪競速場、四百公尺跑道、越野自行車競技場、兒童遊戲區等多樣化休閒設施，加上充足的停車位，是很受歡迎的親子運動公園。

公園裡的陽光橋，是僅供行人和自行車通行的景觀橋，銜接安坑與湯泉兩端，弧形的橋面，以琴弦般的鋼索及5個拱圈支撐，跨距長達兩百四十五公尺，打破全台跨距最大的鋼構橋樑紀錄，曾經榮獲第13屆國家建築金質獎。入夜後，布滿橋身的LED燈光亮起，並且不斷地變換色彩，形成夜色裡一道燦爛奪目的光雕作品，無疑是新店地區的新地標。

Info

add 新北市新店區安業街

陽光運動公園是很受歡迎的親子運動公園。

8 新北新店

新店光明街

捷運左近銅板美食琳瑯滿目

光明街就在捷運新店站的斜對面，是早期新店最繁華的區域，短短數百公尺的小路上，匯集了許多深受當地人歡迎的銅板美食，包括光明街油飯、勇伯米粉湯、劉漣麵、三重橋頭蚵仔麵線、豆花工房，還有油豆腐、炸排骨、羊肉湯等，選擇眾多，可說是應有盡有。這個商圈有不少店家和攤販是晚上才開始營業，所以非常適合在告別新店前，到這裡打牙祭，為充實的一天畫下完美的休止符。

Info

place 新北市新店區光明街

新店光明街上美食眾多。

城市探索，熟悉與陌生的縫隙

02

台北

傳統與現代與時俱進

從大稻埕到社子島，從喧囂回歸寧靜，這條全台北最熱鬧的自行車道，交織著傳統與現代的文化氣息，涓涓細訴著台北城的故事。

text 蒙金蘭　**photo** 何忠誠

【關於台北城】

如果你有些時日沒拜訪大稻埕了，會發現它變得更親切，更熱鬧了。無論從這頭騎車出發，到社子島等待夕陽，或是反其道回大稻埕的貨櫃市場喝著飲料觀賞落日，都保證回味無窮。

Start!

捷運雙連站 租Ubike —（單車5分）— ❶ 新芳春茶行 —（單車2分）— ❷ 台北霞海城隍廟 —（單車4分）— ❸ 大稻埕碼頭

—（單車25分）— ❹ 社子島島頭公園 —（單車8分）— ❺ LiLi KoKo Cafe —（單車22分）— ❻ 台北市立美術館

—（步行3分）— ❼ 花博公園 —（單車7分）— ❽ 阿仁炒飯 —（單車7分）— 終點：捷運圓山站 還車

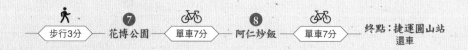

Start!

捷運雙連站

租Ubike

現在成為一個有如博物館的古蹟。

曾經是生意興隆的茶行、烘茶廠、倉庫兼住宅。

1

台北

新芳春茶行

重建茶行的美好年代

將近九十年的3層樓洋房。

一幢將近九十年的3層樓洋房，曾經是生意興隆的茶行、烘茶廠、倉庫兼住宅，經過歲月的洗禮、積極考究重建，現在成為一個有如博物館的古蹟。拜訪的時候，不妨配合導覽解說的時間，可以聽導覽員細細訴說這幢建築的點點滴滴，深切體認製茶業曾經擔任的經濟角色。臨別前，別忘了到二樓逛逛，可以品茶或買些具有特色的紀念品。

二樓販售許多具有特色的紀念品。

Info

add 台北市大同區民生西路309號

tel 02-2550-4141

time 週三至日10:00~18:00，週一、二公休。

FB 新芳春茶行

建築細節也頗有可觀之處。

拜訪的時候，不妨配合導覽解說的時間。

2

台北

台北霞海城隍廟

神通廣大的台北守護神廟

即使是平常日，台北霞海城隍廟香火鼎盛的程度還是令人讚嘆，因為廟裡所供奉月老靈驗的聲名遠播，所以每天都吸引眾多求姻緣的善男信女到此誠心膜拜。

霞海城隍是一八二一年從福建霞城遠渡重洋到台北落腳，因此成為台北的守護神。除了城隍爺外，廟裡還祀奉城隍夫人、八司官、文武判官、范謝將軍等，各式神像超過六百多尊，當中包括一九七一年開始供奉的月下老人。

Info

add 台北市大同區迪化街一段61號

tel 02-2558-0346

time 06:16~19:47

web www.tpecitygod.org

月老靈驗的聲名遠播。

台北霞海城隍廟香火鼎盛的程度令人讚嘆。

霞海城隍廟的規模雖不大，名聲卻很響亮。

3

台北

大稻埕碼頭

貨櫃市集正式開張

一八五八年天津條約後，淡水港開放對外通商，大稻埕逐漸成為重要的物資集散中心，碼頭的水上交通也曾經盛極一時。今日歸於平淡後，大稻埕碼頭成為河濱自行車道與藍色公路上重要的中繼站，今年4月起又改換新貌，開闢成頗具異國風情的貨櫃市集，不但餐飲選擇眾多，更可以立即坐享浪漫的氛圍。

碼頭的水上交通曾經盛極一時。

Info

add 台北市大同區環河北路與民生西路口

web www.riverfun.net/wharf

大稻埕碼頭是河濱自行車道重要的中繼站。

碼頭新添貨櫃市集，再度吸引人潮。

4

台北

社子島島頭公園

兩河匯流山水自然教室

島頭公園位於基隆河流入淡水河的河口處，是台北市政府利用基隆河疏濬的土所填出來的灘地，不但視野廣闊，觀音山、關渡大橋、關渡宮在望，又有占地頗大的溼地與草原，是賞景、吹風、垂釣、觀察生態、等待夕陽的好地方。

鳥瞰社子島。

Info

add 台北市士林區延平北路九段

島頭公園位於基隆河流入淡水河的河口處。

自行車道的盡頭即是島頭公園。

在島頭公園欣賞觀音山與夕陽。

5

台北

LiLi KoKo Coffee

幽靜玻璃屋飄香享閒情

騎車經過社子大橋不久，左手邊即可看到一座鐵架兩層的玻璃屋，因為當初的創辦人一個姓李、一個姓柯，於是激盪出「LiLi KoKo」這個可愛的名字。

這家由當地居民開設的咖啡廳，一開始即主打自家拿手的甜點，果然戚風、磅蛋糕、鹹派等很快就吸引眾多粉絲，推出的飲料也越來越多樣化，目前也販售自烘的咖啡豆，讓遊客駕臨社子島，可在美景包圍之中享美味。由於座位有限，建議出發前先預約。

LiLi KoKo的餐飲水準令人驚艷。

玻璃屋設計相當具有吸引力。

Info

add 台北市士林區延平北路八段2巷200弄101號前

tel 0976-941-120

time 週五、六14:00~22:00，週日至三14:00~20:00，週四公休。

FB LiLi KoKo Cafe

美術館以展出當代有想法、具創意的藝術家作品為主。

台北市立美術館是全國第一座當代美術館。

6

台北

台北市立美術館

當代藝術創作展示殿堂

民國72年開幕至今的台北市立美術館，是全國第一座當代美術館，3層樓的挑高、井字形的結構、四面八方的玻璃採光，即使今日看來仍是相當引領潮流的新式建築。

美術館的宗旨以展出這一代有想法、具創意的藝術家作品為主，徜徉展間，透過不同媒材表達的藝術創作，應該每回都有嶄新的體認。

徜徉展間，每回都有嶄新的體認。

展覽方式不斷推陳出新。

挑高、結構、四面八方的玻璃採光，很早就相當引領潮流。

Info

add 台北市中山區中山北路三段181號

tel 02-2595-7656

time 週二至日09:30~17:30，週六延長至20:30，週一公休。

FB 台北市立美術館

花博公園占地相當廣闊。

花博公園分成數個不同主題園區。

7
台北

花博公園
廣闊多元休閒天地

花博公園是二〇一〇年台北舉辦國際花卉博覽會後，運用當時的場地與設施規劃出來的公共園地。大致分成圓山、美術館、新生公園等3處園區，台北市立美術館旁的美術園區，平日是市民們徜徉的天地，一旁的原民風味館不時飄出陣陣香腸香；靠近捷運圓山站1號出口的圓山園區，有更廣闊的活動空間，每週六、日白天有農民市集；分隔略遠處的新生公園，有林安泰古厝、迷宮花園和一座玫瑰園，經常舉辦玫瑰花展。

農民市集總是吸引大量人潮。

農民市集也會舉辦體驗活動。

花博公園廣闊的舞台。

Info

web www.expopark.taipei

8
台北

郭記大塊肉羹
料多美味名實相符

大龍峒的經典美食很多，這家創業將近二十年的小吃店果然名符其實，肉羹很大塊、調味和口感都恰到好處，搭配香香甜甜的招牌乾麵，既飽又吃巧。此外，魚皮羹和天梯等滷味小菜也很受歡迎。而且服務相當親切，難怪用餐時間都座無虛席。

創業將近二十年的老店。

招牌肉羹果然名符其實。

Info

add 台北市大同區大龍街231號

tel 02-2599-4803

time 週二至日10:00~15:00，17:00~20:00，週一公休。

城市探索，熟悉與陌生的縫隙

03

台中|潭雅神綠園道

穿梭城市裡的森系彎道

由軍方舊鐵道改建而成的自行車道，串連台中潭子、大雅、神岡三區，俏皮的S彎道和波浪自行車道穿越濃密樹林，唯美夢幻，彷彿涼風徐徐的都市綠洲。

text 蒙金蘭　**photo** 何忠誠

【關於台中潭雅神】

即使是經常到台中旅遊的人，對於潭子、大雅和神岡等區的印象可說相對陌生，這幾年因為潭雅神綠園道的崛起，開始散發吸睛功力，吸引自行車愛好者們專程前往，這才發現這一帶往昔靜謐的區域，其實臥虎藏龍，擁有等待旅人去挖掘的獨特魅力。

從潭子火車站出發，以潭子中山路為起點，追尋綠意來到擁有百年歷史的台灣十大民宅，體驗它的風華歲月。然後騎上全台首座自行車專用陸橋，享受微風吹拂的涼意，潭雅神綠園道為人津津樂道的 S 彎道亦是必經之路，優美綠色隧道騎起來相當舒暢。除此之外，近年來在社群上掀起熱潮的紙博物館、在地傳統小吃…等都是不可錯過的景點。

Start!

潭子火車站租iBike — 單車3分 — 潭子中山路起點 — 單車7分 — ❶ 摘星山莊 — 單車7分 — ❷ 崇德路天橋 — 單車15分 — ❸ S彎道 — 單車3分 — ❹ 波浪彎道 — 單車7分 — ❺ 紙博館紙的空間 — 單車5分 — ❻ 風飛沙小吃店 — 單車9分 — ❼ 圳前仁愛公園 — 單車15分 — ❽ 戰車公園 — 單車38分 — 終點：潭子火車站還車

Info

add 台中市潭子區潭富路二段88號
tel 04-2534-3859
time 週三至週日09:00~18:00（售票時間到17:30），週一、二公休。
web www.starsvilla.com.tw
FB 臺中市定古蹟 摘星山莊

摘星山莊建築細節頗多可觀之處。

Start！

潭子火車站

在這裡租iBike！

1

台中

摘星山莊

台灣十大民宅之首風韻猶存

摘星山莊被推舉為「台灣十大民宅之首」。

乍見摘星山莊，覺得它美得純粹質樸，沒有過度整修後的艷麗、完整呈現它曾經擁有的絕代風華，這麼漂亮的一幢豪宅，怎麼以前都沒聽人提起過？原來，它直到近年才開始對外開放，難怪之前一直養在深閨人未識。

摘星山莊是清朝咸豐年間的昭勇將軍林其中居所。林其中曾赴中國參與掃蕩太平天國等多場戰役，屢建奇功，解甲歸鄉後興建了這棟宅邸，主建築是一座兩進多護龍的閩式四合院，占地兩千多坪，又稱潭子林宅，享有「台灣十大民宅之首」的美譽。一九九七年時差點面臨拆除的命運，幸經有心人士的努力奔走，終於爭取被列為台中市定古蹟，免於被進一步破壞。

摘星山莊形制宏偉，整體結構保存得相當完整，在結構、浮雕、交趾陶、裝飾彩繪等細節都有精緻的表現，耗時九年才完工，已有超過一百四十年歷史。參觀的時候，強烈建議須有專人導覽，才不至於走馬看花，錯過一些精彩的細節。像是廳室牆上無所不在的書法、繪畫作品，在在顯示林其中身為武官，卻更看重讀書修學的個性。另外，這幢建築雖然屬於家宅，卻也兼具防禦碉堡功能，比如門與牆身暗藏多處銃孔，正是為了加強防衛做的設計；陡峭又大跨度的階梯，則可以避免外敵長驅直入。門牆上殘留的幾處彈痕，令人聯想起金門一些經歷槍林彈雨的建築物。

摘星山莊已有超過一百四十年歷史。

清泉石上流。

② 台中

崇德路天橋

全台首座自行車專用陸橋

全台第一座自行車專用的橋。

潭雅神綠園道是繼東豐自行車道後，第二條利用舊鐵道興建而成的自行車專用道，路線東起潭子區的中山路，行經潭子與豐原的交界帶、大雅區、神岡區，西至台中機場所在的清泉崗附近，全長共14公里。

從中山路三段的起點開始，沿途興建了多座自行車專用的陸橋，其中位於1K+900處的崇德路自行車專用陸橋，更是全台第一座自行車專用的橋，比台北基隆河的彩虹橋還要早兩年出現，讓騎士們安全地騎過交通幹道，不必與汽機車爭道。

Info

place 潭雅神綠園道1K+900，崇德路上。（詳見P.198地圖）

春夏的綠園道繁花似錦。

③ 台中

S彎道

剛柔並濟S形順暢流動

潭雅神綠園道的道寬平均8到10公尺，坡度大致平緩好騎，除了幾座貼心的自行車專用陸橋外，還有不少路段綠樹夾道，形成優美的綠色隧道，騎起來舒服又賞心悅目。

從4K+850處開始會進入一段S彎道，原本筆直的柏油路，忽然變成幾個連續S形線條向前延伸，道旁兩道白線與路中的黃色虛線，也配合著蜿蜒前進，夾道而生的小葉欖仁樹也跟著路的線條交錯種植，整體交織出剛中有柔的流動感。

如果正好有單車從中劃過，霎時讓這股流動更為立體，是別的自行車道所沒有的奇特畫面，因此造成話題，成為近期熱門的打卡景點。

Info

place 潭雅神綠園道4K+850處（詳見P.198地圖）

優美的綠色隧道，騎起來舒服又賞心悅目。

【TIPS】
潭雅神綠園道上不只一處能體驗S形彎道，如果騎車繼續前進，在8K+500附近還會遇到另一處類似的彎道。

4

台中

波浪彎道

灌溉溝渠造成特殊景觀

S彎道固然夠驚人，波浪彎道更是讓人目瞪口呆。5K+100路段開始，原本筆直的柏油路這下變成上下起伏的波浪，忽高忽低匍匐前進，比S形還教人不可思議。仔細觀察，波浪彎道凡是突起的路段，兩端剛好都有突起的物件，原來這些是早年灌溉用的溝渠，可能因為設施的作用力，造成地面如高低起伏的波浪。潭雅神自行車道因地制宜，保留了軍用鐵道當年的設施，沒想到反而造成特殊的波浪形地面景觀，無心插柳柳成蔭。

無心插柳造成的地面景觀。

Info

place 潭雅神綠園道5K+100處（詳見P.198地圖）

S彎道固然夠嗆，波浪彎道更是讓人目瞪口呆。

5

台中

體驗紙張創作出多變的藝術

紙博館紙的空間

這間博物館的母公司，是以製造事務用紙為主的慶陽公司，旨在創造一個「紙」的展示空間，讓消費者可以看到紙的紋理、材質、色彩等不同面向展現，進而利用紙創造出各式各樣的藝術創作。

二〇一九年，紙博館紙的空間於焉誕生。在紙博館「紙的空間」裡，可以看到用紙所創造出的無限可能，也可以透過體驗課程，學習怎麼樣利用紙做出心目中想要的藝術品。

神岡有一間以紙為主題的博物館。

讓消費者看到紙的紋理、材質、色彩等不同面向。

紙創作出無限可能。

Info

add 台中市神岡區神林路11號
tel 04-2562-7099
time 09:00~18:00
price 免費
FB 紙博館 紙的空間

6

台中

銅板美食炸鴨臭豆腐

風飛沙小吃店

和紙博館紙的空間同樣位於神岡，相距不遠的風飛沙小吃店，外表非常平凡，內部也沒什麼裝潢，盛傳招牌料理之一是炸鴨。把鴨肉炸得酥酥脆脆，的確比想像中多汁好吃，臭豆腐也是招牌，還有其他搭配的小吃。騎車到附近，不妨到這裡打打牙祭，炸鴨一份一百六十元，臭豆腐四十元。

臭豆腐也很受歡迎。

炸鴨是店裡的招牌美食。

Info

add 台中縣神岡鄉庄後村大圳路86號
tel 04-2562-1716
time 14:00~21:00，週日公休（疫情期間暫停營業）。

7

台中

圳前仁愛公園

空軍主題運動公園

圳前仁愛公園位於清泉崗的空軍基地旁邊。

圳前仁愛公園是一座佔地相當廣闊的親子運動公園。

就在清泉崗空軍基地旁的圳前仁愛公園，是一座以空軍意象為主題的公園，佔地約2公頃，內部有大型的沙坑、小型的攀岩場、防空洞以及爬繩網、溜滑梯等遊戲設施，尤其夏季還可以戲水，是相當廣闊的親子運動公園。

以空軍意象為主題。

圳前仁愛公園占地約2公頃。

Info

add 台中市神岡區中山路1668-5號

8

台中

戰車公園

軍備用地改頭換面

這些戰車可都是實際經歷過戰爭洗禮。

位於台中國際機場南側的六寶公園，原屬於軍方用地，因為長期閒置，經過市政府重新整理規劃，成為獨樹一格的社區公園。入口處展示了3台M48A3戰車，可都是實際經歷過戰爭洗禮的真實軍事武器，荒廢的鐵道也曾經是重要的軍備運輸道路，因此又被稱作戰車公園。

戰車公園緊鄰著潭雅神自行車道，騎車至此也差不多接近終點了，正好歇歇腳休息一下。

Info

add 台中市大雅區月祥路

荒廢的鐵道也曾經是重要的軍備運輸用道路。

位於台中國際機場南側的六寶公園，原屬於軍方用地。

04

嘉義｜西區東區

時光旅行，老靈魂來嘉

以歲月洗刷過的原木色為基底，點綴些許苔綠與湖水綠，加上時光濾鏡的城市，
浮現海市蜃樓般的日本街景，迷惑旅人的判斷力。
而下個轉角，新與舊相遇，融合成嘉義獨特的印記，不像任何遠方，只像自己。

text Cindy Lee　**photo** 張晉瑞

【關於嘉義市】

嘉義的城市規模不大、景點及店家集中，又有方便租借的Ubike2.0站點，最適合踩踏雙輪穿越大街小巷，發掘火雞肉飯以外的在地人美食、阿里山以外的文化風景。把總是走錯的單行道和惱人的停車問題丟一邊，到日治時期菸酒公賣局改建的美術館培養氣質、穿上浴衣漫遊嘉義神社的齋館、循著鐵道追逐阿里山林業的興衰，輕快地騎進嘉義舊時光，悄悄呼喚隱藏在每個轉角的日式老靈魂。

Start!

嘉義火車站 — 步行3分 — ① 嘉義市立美術館 — 步行2分 — ② 盛食咖哩店 租借Ubike — 單車7分 — ③ 純情專賣所雞蛋糕

— 單車10分 — ④ 昭和十八嘉義市史蹟資料館 — 單車11分 — ⑤ 北門驛站 — 步行1分 — ⑥ 玉山旅社＆沈睡森林主題公園

— 單車2分 — ⑦ 檜意森活村 — 單車2分 — ⑧ 阿里山森林鐵路車庫園區 — 單車2分 — ⑨ 自由が丘長榮街156

— 單車6分 — ⑩ 森林之歌 — 單車4分 — ⑪ 台灣花磚博物館 — 單車5分 — 終點：嘉義火車站 還車

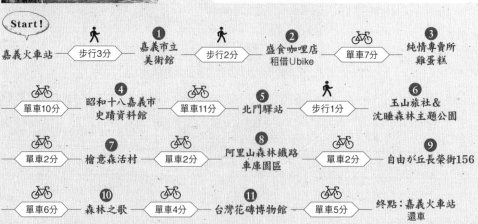

玻璃帷幕讓藝術與市景、看展者與市民互為觀看對象。

Info

add 嘉義市西區廣寧街101號
time 09:00~17:00，週一公休。
tel 05-227-0016
web chiayiartmuseum.chiayi.gov.tw

Start!

嘉義火車站

1

嘉義

新舊交融的文化地標

嘉義市立美術館

歷史古蹟與當代建築語彙疊合交匯，在熱鬧的中山路上畫出一幅古典又新穎的風景，透過建築與藝術策展，重新詮釋嘉義「木都」與「畫都」的城市歷史和文化意義。

嘉義市立美術館由三棟年代、風格迥異的建築銜接組成，分別是建於一九三六年的日治時期菸酒公賣局嘉義分局辦公廳、一九五四年的酒類倉庫、以及一九八〇年的菸酒成品倉庫。古蹟棟為三層樓鋼筋混凝土建築，圓弧轉角與長型木窗拖曳出優雅弧線，立面貼有SCRATCH風苔綠瓷磚，是古典建築風格蛻變為現代主義建築風格的歷史見證。設計師將入口設置於三棟建築包夾的廣寧街凹口，增建一個挑高的玻璃盒子，以穿透的視覺感整合新舊建築，並擴充空間使用機能，綠意盎然的庭園接納散步閒聊的市民，如同城市裡的心靈綠洲，藝術是一泓清冽泉水，與生活緊密連結。

古銅金搭配日式圓頂吊燈，詮釋復古又摩登的昭和喫茶風。

一樓昭和J11咖啡館採用和洋兼具風格。

面對中山路的弧形立面展現30年代的優雅。

2 嘉義

最接地氣印度咖哩 盛食咖哩店

保留印度咖哩香料精髓，調整成容易接受的溫和口感。

牆面花磚有復古韻味。

移居嘉義的印度人是店內常客。

打開盛食咖哩店的木門，飢餓感立刻被縈繞滿屋子的辛香料味給引爆。

盛食咖哩店不走道地印度咖哩的路數，擅長各國料理的廚師團隊與旅居嘉義的印度朋友共同研發，以日式、西方料理的手法重新詮釋印度咖哩，7種口味可自由搭配3種肉類或海鮮，招牌盛食咖哩調出帶點台味的Masala香氣、南印度風咖哩混合椰奶和一絲引味蕃茄酸、喀什米爾咖哩以孜然、胡荽子和香菜呈現強烈異國風，肉類燉煮的軟嫩入味，濃郁噴香的醬汁與剛出爐的鬆軟烤餅簡直天作之合。單品部份則有新德里烤雞、北印傳統炸雞、以及孟買咖哩時蔬燴等，從北印度到南孟買，開啟一段餐桌上的印度之旅。

Info

add 嘉義市西區延平街443號

time 11:30~14:00，17:30~20:00；週六、日11:30~14:30，17:30~20:30。

tel 05-225-1132 **FB** 盛食咖哩店

3 嘉義

雞蛋糕的長情告白 純情專売所

從小攤車搬到公明路店面，一路走來始終純情。

每日限定口味常有想像不到的驚喜。

店如其名、真心不騙，純情專売所堅持用最「原本」的方式製作雞蛋糕。選用新鮮雞蛋與麵粉、不使用預拌粉與乳瑪琳、純牛奶不加水的減糖比例，每日手打麵糊成就鬆軟綿密的蛋糕體，每一口都是自然舒服的奶香、純樸真誠的味蕾享受。口味上有鹹有甜，螞蟻人必點卡士達，燙口也要搶第一時間感受口中的奶香噴泉，起士雞蛋燒豪邁的打入整顆有機牧場紅仁蛋和堆成小山的起士，連製作過程都療癒。純情男子漢當然也懂要浪漫，今日限定口味日日有驚喜，純情旺來卡士達、法芙娜可可奶酥、黑糖波霸⋯遇到什麼就看緣份囉！

Info

add 嘉義市東區公明路404號

time 13:00~18:00

tel 0958-609-173

FB 純情專売所

新鮮雞蛋、麵粉與牛奶，簡單純粹的美味。

3

嘉義

昭和十八J18—嘉義市史蹟資料館

清幽雅靜檜木香

踏上百年前神社參道，走過參天綠蔭下的狛犬、石燈籠、以及手水舍，紅磚牆內的日式木造建築古韻雅緻，老楓香下低喃往日時光。

嘉義市史蹟資料館前身是嘉義神社附屬的齋館及社務所，創建於昭和十八年（一九四三年），兩棟相連建築分別作為祭祀前齋戒準備的地方以及行政辦公處，二戰後神社改為忠烈祠，齋館及社務所曾由國軍八二八醫院借用，一九九六年核定為市定古蹟。一踏入室內，阿里山檜木香氣撲鼻而來，換上花漾可愛的浴衣，穿梭神社舊照片、地方歷史、與現代藝術工藝展覽間，點一份輕食早午餐、蛋糕或飲品，靜觀窗外庭園造景，純正日式風情，讓人忘了身處嘉義。

被檜木香包圍的午茶時光，幸福感倍升。

Info

add 嘉義市東區公園街42號（嘉義公園射日塔前）

time 09:00~17:00，週一公休。

tel 05-277-0518

web j18.cabcy.gov.tw

百年老楓香下的神社社務所，令人有置身日本的錯覺。

昭和J十八提供日本浴衣體驗並販售嘉義文創商品。

4

嘉義

北門驛

被時間遺忘的百年車站

日治時期，林業開發為最重要的經濟來源，阿里山鐵路早期即以運材為主，亦是山地居民運輸生活物資的主要工具。當時的北門驛是阿里山林業鐵路的起點、木材貨運集散地，附近辦公廳舍、貯木池、木材行、鋸木及製材工廠、火車修理廠等機關林立，南來北往的木材商帶動旅館、餐廳、戲院等商機，人口聚集，為嘉義最繁華的地區。北門驛走過熱鬧與沈寂，經歷祝融和九二一地震的損毀，使用阿里山紅檜仿舊重修後，依然維持一九一二年初建的原貌，苔綠色日式車站質樸淡雅，重新加入阿里山森林鐵道的一員，帶領旅人展開一趟鐵路懷舊之旅。

日式木造車站小巧可愛。

北門驛為昔日阿里山林業鐵道的起點。

Info

add 嘉義市東區共和路428號

time 08:00~16:00

tel 05-276-2251

web afrch.forest.gov.tw

Info

add 嘉義市東區共和路410號
time 10:00~17:00
tel 05-276-3269
FB 玉山旅社

旅社外，插畫家莊信棠以沈睡動物為主角打造主題公園。

大樹下好夢方酣的可愛石虎。

6

嘉義

跨越時代述說歷史與再生故事

玉山旅社咖啡&沈睡森林主題公園

玉山旅社咖啡坐落在昔日阿里山森林鐵路北門驛旁，早期由曾任職於阿里山森林鐵路的列車長及北門驛副站長的陳聰明先生所興建，從日治時期提供給攤販居住的「販仔間」，到經歷中段暗黑時期的「貓仔間」，直至二〇一二年由洪雅書房老闆余國信接手，轉型為背包客民宿及咖啡館的複合式經營，賦予這棟七十年日式木造老房全新靈魂。

從這棟日治時期的木造建築裡看見嘉義林業的興衰，以保留老房為出發點，更充分展現出熱愛嘉義土地的理想及美意，走一遭旅社，喝杯公平貿易咖啡豆沖煮的雨林咖啡，或是選自小農茶葉的貓仔特調紅茶「媽媽桑的紅牌」，以消費支持老屋重修，在舌尖留下歷史與旅社共存的餘韻。

二樓榻榻米是用餐座位區，桌子移開後，彈性變更為背包客大通鋪。

改建時以保留原有格局為主旨。

70年老旅社見證阿里山林業的興衰。

二樓半夾層作為小型展覽區使用。

7 嘉義

嘉義小京都

檜意森活村

日治時期，這片佔地約3.4公頃的檜木村曾是官方宿舍區「檜町」，自一九一四年開始陸續建造，橫跨三十年，見證阿里山林業發展的風華歷史，目前留下林森東路以南的29棟歷史建築，歷經四年，使用原材料及傳統工法修復，木構平房、黑瓦木窗和庭園水池呈現從前林業人員的生活樣貌。

檜意森活村屬於高級職等官舍，有一戶建到連棟建等多種形式，各式各樣文創藝品、在地品牌及餐飲進駐，保存並活化林業歷史資產，並設有阿里山林業史館、所長官舍、眠月盧等展示空間。其中，最特別的是園區東側的市定古蹟，為全台唯二的英國都鐸式建築「營林俱樂部」，初期屬於台灣總督府營林局所有，作為招待貴賓的休閒娛樂場所，現在則是藝文展場。

眠月盧為當時第二高官職者住所。

各種餐飲、文創商品及在地品牌進駐。

一窺嘉義林業鼎盛時期的生活。

庭院水池倒映黑瓦木屋，古韻悠然。

Info

add 嘉義市東區林森東路1號
time 10:00~18:00（室內展館）
tel 05-276-1601
web www.hinokivillage.com.tw

8 嘉義

鐵道迷樂園火車維修站

阿里山森林鐵路車庫園區

阿里山森林鐵路車庫園區日治時期舊名「北門修理工廠」，主要工作為建造修理阿里山鐵路各式機車、客客車，以及貨車，大正元年（一九一二年）正式啟用，迄今已有百年的歷史。偌大的園區內仍有日常整修業務進行，開放區域則如同戶外鐵道博物館，高大老樹下鐵軌交錯，停放中興號，DL-37柴油機車、SL-13蒸汽火車以及第23號蒸氣機關車等多款已退役的老火車，還有一座用來調轉中興號車頭的圓形轉車台，令鐵道迷流連忘返。

園區內停放各種型號的退役老火車。

調轉車頭的圓形轉車台。

至今仍運作中的火車修理工廠。

Info

add 嘉義市東區林森西路2號
time 08:00~18:00
tel 05-277-9843

9

嘉義

自由が丘長榮街156

戚風蛋糕與榻榻米的夢想生活

兩姐妹在日式老宅種下夢想種子。

因熱愛戚風蛋糕，韋晴和 Ashley 這對表姐妹在毫無語言基礎下，鼓起勇氣遠赴日本東京學習技術，店裡推出的每日甜點只使用當天上市場採買的季節新鮮水果製成，除了呈現甜點最原始的天然美味，更是乘載著她們的用心以及最純粹的美味。

穿梭嘉義市區大小街弄尋著一方落腳處，最後於長榮街覓得現在的店址，在這棟兩層樓的七十年歷史日式老宅裡開啟夢想。2樓和室用餐區充滿濃厚日式情懷，挑高空間安置木質傢俱，空氣中飄散淡淡榻榻米香，陽光透過木簾灑落優雅光影，彷彿身處京都或是金澤的古風喫茶店。牆面貼著在日本旅遊時拍下的照片，或是日本小店及市集挖寶得來的明信片、海報，透過小物件重溫旅行的記憶，亦是保持著對於喜愛事物的理想與初衷。

季節水果入味，搭配雲朵般鬆軟的蛋糕。

Info

add 嘉義市東區長榮街156號

time 週三至週日12:00~18:00，週一、週二公休。

tel 05-271-6069

FB 自由が丘 長榮街156

二樓挑高空間掛上盞盞吊燈，午後斜陽灑入白色空間，慵懶愜意。

旅行搜集的明信片點綴牆面。

10

嘉義

在都市中感受自然脈動
森林之歌

藝術家王文志以熟悉的故鄉阿里山為靈感，運用木材、鐵軌、黃藤及石材等素材製作，塑造林業藝術園區的地標。直立條狀木材架構蛋形本體，猶如高聳神木，外圍曲徑象徵蜿蜒山嶺的阿里山火車鐵軌，陽光穿透木與藤的間隙灑落，透空圓頂仰望日月浮雲，如同嘉義市中心的一方寧靜，可以感受到山的吐納、呼吸森林的氣息。

象徵高聳神木和蜿蜒山嶺的阿里山火車鐵軌。

光影錯落似行走於森林大樹下。

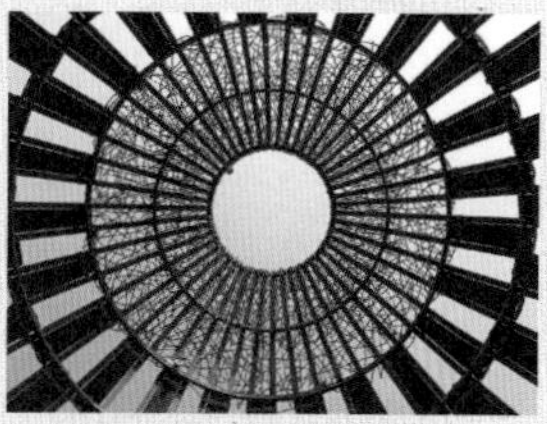

蛋型圓頂下仰望天光浮雲。

Info

add 嘉義市東區文化路

time 全日開放，點燈時間：3至8月18:30、9至2月17:30。

11

嘉義

人氣古典花磚牆
台灣花磚博物館

花磚技術於日治時期傳入台灣，發展出本地獨有的花紋設計，曾經是富貴人家的身份象徵，一片片鑲嵌在大宅院落的屋脊窗牆，繁複圖樣蘊藏深刻祝福。台灣花磚博物館館長不捨百年工藝逐漸消失，花費二十年以上時間，與志工團隊前往每個面臨拆除命運的老屋，從怪手下一片一片搶救牆上花磚，仔細維修整理，於二〇一五年用逾五千片老花磚打造出台灣唯一的花磚博物館，讓文化脈絡和土地記憶用另一種方式延續。

博物館建築也是年逾八十的老宅，前身為德豐材木商行，巴洛克式洋樓外觀，內部由上等檜木打造。一進門，色澤瑰麗的各式花磚拼貼成一面牆，在導覽人員的帶領下，了解圖樣意含、搶救花磚的過程、以及團隊經多年研究努力成功復刻的立體花磚。走上2樓，可欣賞老屋結構，以及鑲嵌花磚的中、西式古董傢俱，整體雖然空間不大，卻值得細細品味。

各式花磚拼成色彩斑斕的入口主牆。

每一塊花磚都蘊含文化意義與祝福。

Info

add 嘉義市西區林森西路282號

time 週三至週日10:00~17:30，週一、週二公休。

tel 0905-012-390

web www.1920t.com

城市探索，熟悉與陌生的縫隙

05

高雄

擁抱港都藝文氣息

從鹽埕埔出發漫遊高雄的旅程，鹽埕舊區有著老街風情及濃厚底蘊等待被發掘，
利用隨處可見的 Youbike 作為點與點之間的接駁，由南高雄出發沿著愛河自行車道，
前往近年興起的北高雄區域，乘著涼風悠閒地騎乘自行車，享受一次隨心所欲的港都小旅行。

text 黃雨柔　**photo** MOOK

【關於高雄】

若想在呈狹長型的高雄市區旅行，利用機車、捷運等都是方便的選擇，自2020年開始營運的Youbike 自行車站更是遍佈市區，成為旅人穿梭在巷弄裡發現美好港都風景的最佳工具。這次自擁有港都經典老風景的「鹽埕埔」作為起點，走過駁二、欣賞港口風景及新建築「高雄流行音樂中心」，往北邊到美術館遊逛、吃茶點，再到左營果貿社區散步體驗到香港一遊的偽出國感，最後以復古的日式咖哩蛋包飯作為旅程的句點。

Start!

捷運鹽埕埔站 — 步行3分 — ① 鹽埕第一公有市場 租Youbike — 單車5分 — ② 大義倉庫

— 單車5分 — ③ 金馬賓館當代美術館 — 單車6分 — ④ 愛河自行車道 — 單車7分 —

⑤ 果貿社區 — 單車1分 — ⑥ 夏全開 — 單車7分 — ⑦ 好聚。所 HIRAETH CAFE

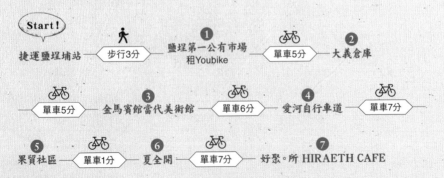

創新與古早味融合的全新氛圍。

由年輕新血注入的超級鳥百貨店。

Start!

捷運鹽埕埔站

在這裡租車吧！

1

高雄

「巷仔內」才知道的文青菜市場

鹽埕第一公有市場

位在鹽埕區新樂街上的「鹽埕第一公有市場」已有七十多年歷史，是台灣最早發展的公有市場，在經過當地年輕人組織的活化運動後，營造出融合古早味及文藝感的全新氛圍。此處另一舊稱為「大溝頂」，市場裡的「大溝頂虱目魚」、「婁記饅頭」或是「李家圓仔冰」等老店屹立不搖，加上年輕新血進駐的「聊聊甜室」、「山壹旗魚食製所」、「超級鳥百貨店」⋯或是隱身在市場攤位裡的宵夜餐酒館「空腹虫大酒家」等，經典與新潮共同沿續全新的市場物語。

有七十多年歷史的鹽埕第一公有市場。

Info

add 高雄市鹽埕區瀨南街141之7號、

time 08:00~14:00（各店家營業時間各異），週六、日公休。

城市探索，熟悉與陌生的縫隙

2

高雄

進駐多樣化藝文品牌

駁二藝術特區 大義倉庫&大港橋

位於高雄港第三船渠內的駁二藝術特區是來到高雄必訪景點，以發展藝術人文為出發點開設的藝術特區，從初期的兩棟倉庫擴大至現在的大勇、蓬萊及大義倉庫共25棟空間，佔地廣闊的場域更因為輕軌的開通，讓旅人輕鬆地在各處移動。

其中進駐多樣化藝文品牌及餐廳的「大義倉庫」為人氣景點，生活用品店、餐廳或是手作坊皆集結於此，假日不定期舉辦生活市集，呈現多元及豐富的活潑樣貌。臨近大義倉庫的大港橋，主要提供行人及自行車來往駁二、第三船渠與蓬萊棧庫群的橋墩，站到橋上高處能將港口景色及「高雄流行音樂中心」完美地收納眼底。

提供行人及自行車通行的大港橋。

彷彿戶外美術館的大義倉庫。

從大港橋上可以觀賞整個港口風景。

Info

駁二藝術特區 大義倉庫

add 高雄市鹽埕區大勇路1號

tel 07-521-4899

time 10:00~18:00（各店家營業時間各異），週五至週日及國定假日10:00~20:00。

FB 駁二藝術特區 The Pier-2 Art Center

大港橋

time 08:00~22:00，橋墩旋轉時間週一至週四15:00，週五至週日15:00、19:00。

3

高雄

金馬賓館當代美術館

歷史建築蛻變藝術新靈魂

位在壽山山腳下的「金馬賓館當代美術館」建物落成於一九六七年，曾為冷戰期間提供國軍在啟程金門、澎湖前的驛站，爾後一九九八年冷戰結束後轉而成為鐵工局的高雄鐵路地下化指揮總部，至二〇一二年鐵工局搬遷後，二〇一六年高雄市都發局才公開招標，由永添藝術接手修建營運，利用兩年重整規劃，在二〇一六年以當代美術館之姿呈現世人眼前。

館內的建築質材延續日治時期的磨石子、洗石子立面及紅磚等工藝，並使用現代的混凝土表達傳統木構造的結構之美，將歷史賦予新穎的靈魂，這棟六〇年代的老屋裡將裝載著來自全世界的藝術作品，沿續建築的百年風華。

六〇年代老屋重生成當代美術館。

白色外觀頗具現代感。

Info

add 高雄市鼓山區鼓山一路111號

tel 07-972-1685 **time** 10:00~18:00，週一公休。

price 全票NT$250、半票 NT$150，可折抵館內餐飲。

web www.alien.com.tw **FB**永添藝術｜金馬賓館

4

高雄

愛河自行車道

串聯南北高雄的美麗風景車道

沿著愛河兩岸河堤興建的「愛河自行車道」全長約24公里，是高雄市區最長自行車道，路線連結北邊的蓮池潭至南邊愛河出海口，途中將行經眾多必訪景點，例如真愛碼頭、電影圖書館、歷史博物館、愛河之心、市立美術館直至左營蓮池潭。沿著自行車道欣賞著沿路風光明媚的河景，途經美食餐廳或是遊玩景點，體驗港都在地的熱情人文；夜晚騎乘更展現另一種風情，高樓的點點燈光映照河面，形成幕幕絢麗的迷人夜景。

車道上貼心標示小心騎士的路標。

沿著自行車道欣賞愛河風景，體驗港都之美。

Info

access 北邊於蓮池潭啟程；南邊於真愛碼頭啟程。

宛如小香港的果貿社區。

5 高雄
秒置身小香港氛圍

果貿社區

高雄左營果貿社區位在中華一路、翠華路與翠峰路之間，早期為昔日海軍眷村果貿三村改建而成，又稱碧海新邨。社區大樓總共有13棟編號，以果貿社區公園為圓心向外展開，在第8棟和第9棟之間即是IG熱門打卡景點。此外，周邊更隱藏了眾多眷村美食，比如：劉家桂花燒雞、寬來順早餐店、老張山東手工包子饅頭、美紅豆漿、果貿吳媽家等，都是讓人難以忘懷的不變好滋味。

不用魚眼特效就可拍出圓形天空。

Info

add 高雄市左營區果貿社區（中華一路、翠華路與翠峰路之間）

老張山東包子饅頭專賣店。

昔日海軍眷村果貿三村改建。

6

高雄

夏全開

穿越時空的相館甜點店

夏全開的兩位主理人子慈及澄於二〇二〇年3月接手坐落於果貿社區旁的老相館，並於9月以全新店面「夏全開」回歸。新空間加入兩人都喜愛的復古元素，並結合子慈擅長的手作甜點，打造一處複合式店面，讓照與甜食共存於同一空間。主理人澄不願放棄老相館與社區，於是在全新的夏全開店面，依然保有原來的證件照拍攝及相片沖洗服務，將室內格局重新規劃，前半部以老件家私打造日系風格的用餐環境，後半部則保留為甜點工作室及拍照空間。

一起經營夏全開的兩人在工作上各司其職，相館事務由澄主理，子慈負責甜食及飲品製作。店內供應季節水果汽泡水、拿鐵、台灣茶葉以及單品咖啡等飲品，甜食則因應節氣變換當令鮮果，提供有水果甜塔、戚風蛋糕等品項。一些黑膠唱片、幾塊甜蜜蛋糕，加上很多膠捲底片，在冬季暖陽裡迎來屬於兩位年輕人的「夏全開」更持續著老相館與社區的綿延情感。

點綴新鮮季節水果的鬆軟戚風蛋糕。

將屏東地產的檸檬作成美味檸檬塔。

夏全開的兩位主理人子慈及澄。

Info

add 高雄市左營區翠峰路26號

tel 07-581-6957

time 相館10:30~19:00，甜食飲品12:00~18:00，每週四公休。

FB 夏全開

IG summer__all__open

店內至今依然提供相片沖洗服務。

懷舊日系風格的用餐空間。

7

高雄

好聚。所 HIRAETH CAFE

重現記憶中的日式蛋包飯

以老件家具打造出舊時氛圍。

在蛋包飯上淋上主廚熬製的精髓醬汁。

實在好懷念在日本吃到的蛋包飯！這次的高雄旅行就用這間位在巨蛋周邊的「好聚。所」作完結吧。位在裕誠路上的「好聚。所」與一樓的蝸居咖啡共用同一棟樓，進入一樓後順著階梯前往二樓的「好聚。所」，推開木門，濃厚的日洋式風格迎面而來，復古拱窗、老件家具營造穿越時空的氛圍，店裡提供鹹食、甜點及飲品，其中以蛋包飯為人氣餐點，噴香的炒飯上覆上軟嫩的蛋包，用鋒利的刀切開，鮮黃的瀑布瞬間傾流而下，再淋上主廚親手熬製的精髓醬汁，一口吃下彷如置身日本食堂。

位在二樓的「好聚。所」。

Info

add 高雄市鼓山區裕誠路1035號2樓

tel 07-522-9000

time 11:00~21:00，週五、六~22:30，週二公休。

FB 好聚所 Hiraeth Cafe

IG hiraethcafe

店內也有販售美味解渴的飲品。

日洋風味的吧檯後面可以看見餐飲製作的過程。

06

台南｜中西區舊城巡禮

鐵馬穿梭古今老府城

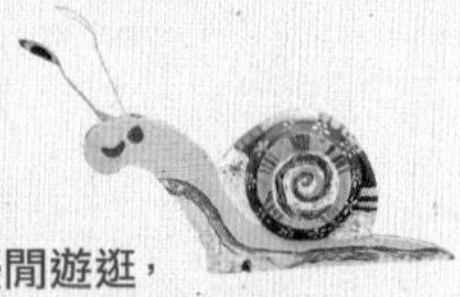

府城老街棋盤式的道路，特別適合以自行車的步調優閒遊逛，
跳上市區內設有諸多站點的T-Bike，穿行在汽車無法抵達的羊腸小巷之間，許多祕密景點，
特色店鋪和在地美味小吃就在靜巷深處，等著與單車旅行者相遇一刻。

text 李芷姍　**photo** 蔡嘉瑋 劉曉天

【關於台南市】

台南市街道在百年前，由日籍技師長野純藏接手重整，他參考巴黎凱旋門，把過去雜亂的街道以圓環和放射狀街道銜接，整治成棋盤狀整齊劃一的道路，也就是今日的府城市街。

舊街區恰到好處的規模，比起汽機車，自行車旅行最是恰當不過，棋盤狀道路輕鬆好騎，又不像機車來去匆匆而容易錯過路邊的美好風景。台南市府近年也在各觀光點廣設公共自行車 T-Bike，讓走訪景點有了更樂活的選擇，T-Bike 系統雖然有別於 U-Bike，但外縣市遊客只要使用站旁機器，以悠遊卡開通後即可租借。

Start!

台南火車站 租T-Bike — 單車7分 — ❶ 全美戲院 — 單車2分 — ❷ 蝸牛巷 — 單車2分 — ❸ 愛意特點心店

— 單車2分 — ❹ 戎館 — 單車5分 — ❺ 糯夫米糕 — 單車3分 — ❻ 台南市美術館2館 — 單車5分 —

❼ 錫鼓 Tin Drum — 單車4分 — ❽ 國立臺灣文學館 — 單車5分 — ❾ 鳥飛古物店 — 單車6分 — 終點：台南火車站 還車

Start！

台南火車站

在這裡租 T-Bike！

1 台南 全美戲院 復古手繪海報牆

配合疫情畫師特別製作的巨幅看板。

騎車經過永福路時，很難不被色彩鮮艷的手繪電影海報吸引視線，當全台電影院早就使用大圖輸出或電子影像介紹電影，唯有全美戲院仍堅持以人工手繪，由國寶級看板繪師顏振發一筆一畫，繪製栩栩如生的電影看板。老師傅也會依照時事繪製電影以外的主題，疫情期間就繪製了全台最大幅的《全球抗疫》，展現老戲院的台南精神。

創業於民國39年，全美戲院前身為「全成第一戲院」，民國58年吳義坦從妻舅手中買下戲院後，才改名為全美戲院。戲院內保留懷舊風格，售票窗口以壓克力板懸掛電影場次，票卷依然以人工蓋章驗票。走過一甲子，現在還是有不少學生會來全美戲院，以一百四十元優惠票價看兩部二輪片，台南人的電影夢經過時代更迭，仍在持續進行著。

Info

add 台南市中西區永福路二段187號

tel 06-222-4726

time 12:30~23:00，週六、日10:30~23:00。

web www.cm-movie.com.tw

復古風格電影看板。

售票口以壓克力板懸掛場次。

2 台南 蝸牛巷 體感府城生活美學

一條車子開不進來的曲折小巷弄，因為居民與年輕文創工作者的巧思，而成為人氣打卡點。這條被暱稱為「蝸牛巷」的街區，在牆垣、轉角等不經意的地方，裝飾了各種可愛的蝸牛和造景，透過蝸牛引路緩步漫遊，綻放花朵的舊民宅，古色古香的日式老屋，還有充滿個性的藝術小店逐一映入眼簾，老台南的生活風情在探索中鮮明浮現。

Info

add 台南市中西區永福路二段97巷號

time 全日開放

騎車經過蝸牛巷街區。

巷內裝飾許多蝸牛擺飾。

鐵欄桿上也可以找到可愛小蝸牛。

3

台南

愛意特點心店

花團錦簇的手工肉桂捲

是肉桂捲店也是花藝店。

以蝸牛巷為創意發想製作的蝸牛肉桂捲。

這間藏身在蝸牛巷中的花藝店兼肉桂捲店，一週只開放3天，而且每次只開短短3小時，沒有掐準時間採點到訪可是會撲空的。店門看似一間民宅，走進後才發現別有洞天，各種美麗的乾燥花、手工小物送來清新的自然氣息，櫃內放著男主人新鮮現做的肉桂捲，蓬鬆柔軟的麵包淋上香甜糖霜，一看就讓人食指大動。有著長長觸角的蝸牛捲，將肉桂捲詼諧變身，濃郁肉桂香氣席捲味蕾，也為在地說故事。

芃芃與藝特兩夫妻一位是花藝老師，一位則鑽研咖啡與甜點，他們將喜好結合打造溫馨小店，老屋改造的雅致空間內，顧客不僅可以坐下來喝午茶，還可參加手工花藝課，在芃芃引導下剪取喜歡的乾燥花草，製作成繽紛的花圈等小物，結束後再一起喝咖啡，品嚐藝特製的肉桂捲，享受一個真正放鬆心靈的紓壓午後。

Info

add 台南市中西區民生路一段157巷41-1號

time 週五至週日14:30~17:30，週一至週四公休。 **FB** 愛意特點心店

美麗乾燥花及手工小物陳列店內。

不僅可以享用下午茶，也可以參加手工花藝課。

如民宅般可愛溫馨的店面。

曾經是台南四大戲院的戎館。

4

台南

戎館

老戲院重生美食新樂園

戎館曾經是台南四大戲院之一，日本時期磚造混凝土的兩層樓建築，設置電影與演劇兩用的鏡框式舞台，可容納約八百名觀眾。一九六一年改名為赤崁戲院的戎館吹起熄燈號，直到二〇二〇年黑橋牌接手，修復舊時代的圓柱和頂樓女兒牆，在門口設置復古懷舊售票亭，讓老電影院再次散發風采。

館內一樓販賣黑橋牌現烤香腸、敖茶手作的創意茶飲料，還有人氣台南甜點「Wei 甜」等品牌進駐，彷彿小型的美食百貨。二樓則規劃用餐區、圖書區、藝文展覽區，無聲老店影隨時上映，帶領遊客穿越府城老時光。

日治時期磚造混凝土建築。

二樓規劃為座位區。

一樓的黑橋牌現烤香腸。

設置在門口的懷舊售票亭。

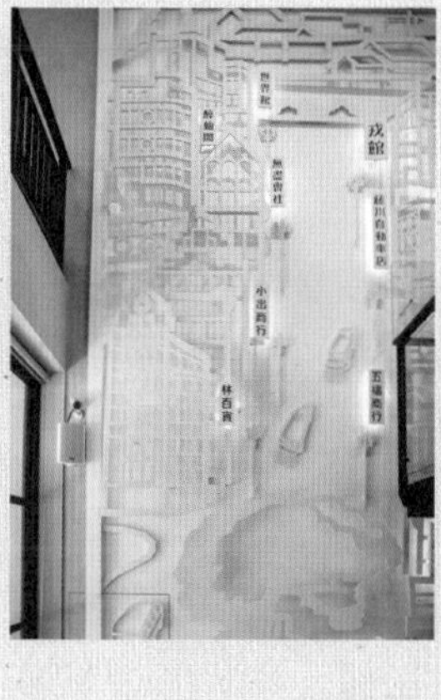

展示舊時府城老時光的古地圖。

Info

add 台南市中西區中正路220號
tel 06-229-5248
time 11:00~20:00
FB 戎舘Yebisu Kan

5

台南

糯夫米糕

排隊超人氣麻油米糕

香濃軟糯的麻油米糕，是店主還原外婆配方的懷念滋味。原本以攤車形式在南部各市集販賣的糯夫米糕，每次總會吸引漫長的排隊人龍，可說是台南最難吃到的超人氣米糕。擺攤累積口碑後，店主選擇在廟旁的老房子開張，老屋新生散發濃濃文青氣息，在廟旁的露天吧檯品嚐香噴噴的豬軟骨麻油米糕，再來一碗用白菜、香菇、魷魚等熬煮的無魚翅羹湯做搭配，懷舊氣氛滿點。

在露天吧檯品嚐美味的古早味小吃。

還原店主外婆配方的懷舊米糕。

Info

add 台南市中西區府前路一段359巷22號

time 12:00~15:30賣完為止，週一至週三公休。

FB 糯夫

6

台南

台南市美術館2館

藝術與建築新地標

位於古蹟林立的中西區，台南市美術館2館由普立茲克建築獎得主石昭永與日本坂茂建築設計事務所共同打造。五角形的建築展現錯落的空間格局，在陽光照耀下彷彿盛開的幾何鳳凰花，碎形屋頂灑落天光，從外到內隨光影展現不同的線條變化。館內展示在地藝術家作品，南台灣旺盛的創作能量透過裝置藝術、繪畫、多媒體等媒材展現。除了展覽之外，陽光滿溢的館內咖啡館與餐廳也值得逗留。

館內的Focus in Art藝術概念店。

由石昭永與坂茂建築設計事務所共同打造。

以白色為主基調的館內展廳。

天光自碎形屋頂灑落。

Info

add 台南市中西區忠義路二段1號

tel 06-662-1877

time 10:00~18:00、週六10:00~21:00，週一公休。

web www.tnam.museum

陽光照射進館內咖啡館。

7

台南

錫鼓 Tin Drum

隱身巷弄的町家咖啡

藏身在巷子裡的木造平房。

隱藏在枝葉間的低調招牌。

綠意盎然的露天座位。

藏身在開山路的巷弄中，初訪的顧客很難不被錯綜複雜的巷弄搞得昏頭轉向。草木扶疏的小庭院，連繫一幢兩層木造小樓房，以及鋪陳榻榻米的日式平房，收音機、電視、玩具等昭和古董擺設各處，彷彿來到日本京都的町家，把人一下子就拉回日治時代。店內提供咖啡茶飲、義式手工冰淇淋，以及豐盛的早午餐盤，老屋獨特的慢步調伴隨咖啡香，讓人自然沉浸在懷舊時空中。

Info

add 台南市中西區開山路35巷39弄5號

tel 06-221-8958

time 10:00~18:00，週二公休。

FB 錫鼓Tin Drum

豐盛的早午餐盤是店內必點。

每個角落都予人來到京都町家的錯覺。

昭和風格古董擺設把人拉回日治時代。

8

台南

從文學看台灣
國立臺灣文學館

落成於一九一六年的國立臺灣文學館，前身為日本時期的台南州廳，也是台南州的行政中心，馬薩式風格屋頂與門口的歐日融合圓柱，塑造出濃厚的異國風情。文學館是第一間國家級的文學博物館，收藏並展示台灣近代文學史料，從常設展可以看到台灣文學從清朝到現代的發展脈絡，特展也針對不同主題，以充滿互動性深入淺出的方式，展現台灣文學史及相關議題。文學館旁的廣場腹地寬闊綠蔭宜人，騎車繞行，心情格外舒暢。

展出台灣近代文學史料。

館內保留了紅磚式建築結構。

館內設有常設展及不同主題的特展。

Info

add 台南市中西區中正路1號

tel 06-221-7201

time 09:00~18:00，週一公休。

FB www.nmtl.gov.tw

曾是台南州廳的臺灣文學館。

店內收藏來自台日的古道具。

9

台南

鳥飛古物店

感受老件的溫度

騎車鑽到忠義路旁的巷弄中，會發現一幢停駐在時空中的復古店面。鳥飛古物店是一間有溫度的古董店，巧妙擺放的老藥瓶、充滿歷史痕跡的錫鐵箱，還有早期玻璃燈具、古陶瓷勝利狗與日本招財貓，營造出懷念又奇特的生活場景。店主收集台灣與日本的古道具，以古道具為媒介，了解物件的時代故事與精神外，還能透過使用的過程，連結人與物的情感和關係，挖掘出歲月堆砌而成的美感體驗。

鳥飛位於忠義路旁的巷弄裡。

【TIPS】
離店1分鐘的 Paripari apt. 為生活選物、咖啡店與民宿的複合場域，也值得一逛。

選進包羅萬象的古道具。

店主收藏五花八門。

懷念又奇特的生活場景。

Info

add 台南市中西區忠義路二段158巷62號1號樓之1

tel 0952-221-1814

time 13:00~19:00，週二至四公休。

web asukaantique.co

城市探索，熟悉與陌生的縫隙

07

屏東阿猴古城

阿猴城的舊曲新調

南風徐徐，踩踏著悠緩穿梭時空。
阿猴古城門記憶歲月，老眷村低喃光陰的故事，一轉身，歷史脈絡上長出嫩葉，
時尚簡約、前衛大膽的建築語彙佔領視覺，新潮與古樸交織出獨特的屏式美學。

text & photo Cindy Lee

【關於屏東】

從2019年的台灣燈會、台灣設計展開始，屏東讓全國驚艷的設計力大爆發，不管是美到想收藏的政府刊物、勝利星村的老聚落創生、還是華麗轉身的30年圖書總館，都有一種「屏東出品，必屬佳作」的霸氣，舊地名「阿猴城」似乎也沾染了些許潮味。

朝日日天晴的南國前進，屏東市中心範圍不大，從火車站出發，利用屏東的公共自行車Pbike，就能輕鬆走逛，騎的單車融入南國悠悠緩緩的步調。

Start!

屏東火車站 — 步行2分 — 1 驛前大和咖啡館 — 步行2分 — 返回屏東火車站前租借Pbike — 單車10分 — 2 職人町

— 步行1分 — 3 SUGARbISTRO食糖吧 — 單車6分 — 4 屏東縣立圖書總館 — 單車5分 — 5 美菊麵店

— 單車2分 — 6 屏東書院 — 單車2分 — 7 一碗豆腐 — 步行1分 — 8 阿猴城東門 — 單車6分 —

9 10 勝利星村&繫。本屋 — 單車5分 — 11 美菊麵包店 — 單車6分 — 終點：屏東火車站還車

Start!

屏東火車站

在附近租Pbike吧！

磨石子樓梯與花磚展現老屋的昭和韻味。

【TIPS】
建議手機先下載「屏東Pbike」APP，方便查詢還車及租借站點。使用一卡通需事先上網註冊會員，非會員也可現場信用卡付費。

不同產區、風味、焙度的手沖單品展現達人級的咖啡專業。

1

屏東

驛前大和咖啡館

80年旅社重生

屏東火車站前，一抹苔綠色優雅弧度奪走行人目光，黑瓦斜屋頂在南國艷陽下曬的發亮，筋面紋磚拼貼出屏東驛送往迎來的曾經繁華。

建築前身為昭和12到14年間（一九三七到一九三九年）的「大和ホステル」，鋼筋混泥土的三層洋樓為當時屏東驛前唯一旅社，二戰後更名「大成旅社」，營運至民國88年歇業。十年前，新竹聖誕燈工廠的董事長許源順先生買下閒置建築著手整修，成為第一個完全由私人出資修復的文化資產。

自然洋行建築事務所的曾志偉操刀設計，跳脫修舊如舊的老屋風潮，以大量自然材質營造「禪意」，香蕉梗紙漿製成半透光米白隔間牆，綠色植栽攀爬灰泥牆面，與屏東的和煦日光共譜一首寧靜之詩；南國風籐椅搭配墨綠大理石桌，重現六〇到七〇年代流行的常民生活。典雅的和洋折衷建築置入北歐精品咖啡館的空間語彙，重獲新生的老旅社連結在地文化、美學質感與精品咖啡，變成屏東人的站前小客廳，延續流轉緩慢悠閒的南國生活日常。

自然素材與植栽舒心療癒。

毛玻璃燈具以舊日美好點亮現代空間。

Info

add 屏東市民族路163號
time 09:00–18:00
tel 08-766-9777
FB 驛前大和咖啡館

苔綠色筋面紋磚自一九三九年保留至今。

2 屏東

職人町

色彩繽紛圓夢基地

主題塗鴉改造平凡的老宿舍。

轉進環球購物中心旁的小巷子，繽紛亮麗的彩繪塗鴉牆讓人眼睛一亮。職人町前身為屏東林管處舊宿舍，經縣政府翻修改造，變身青創聚落，高齡60歲的建築美妝回春，歐風立體塗鴉為3棟平凡水泥宿舍彩繪生命，才在新古典歐式豪宅前拍完氣質公主照，轉個身就遇見金龜車和美式車庫，水族館、樹屋、花卉拼圖…等各種主題壁畫，吸引網美打卡拍照。

區域內規劃44間團隊和個人工作室，協助18到45歲的在地青年圓創業夢，進駐單位包含休閒娛樂、文創手作、特色小吃、陶藝、銀飾、皮革、模型等職人工作室，有時還會舉辦假日市集和Live音樂表演，瀰漫歐洲街頭的悠閒氣氛。

巷口林管處辦公室的可愛公仔。

Info

add 屏東市仁德路43巷（環球購物中心旁）

time 週二至週日14:00~21:00，進駐單位營業時間不同。

tel 08-733-6435

web propt.tw

長安製麵也是職人町的一份子。

3 屏東

食糖吧SUGARbISTRO

南國夏季的清涼救贖

食糖吧SUGARbISTRO店內所有飲料、甜點都使用東埔寨有機棕櫚糖取代砂糖，棕櫚糖的原料為棕櫚樹花蜜，製作過程無任何人工添加，自然甘甜揉合淡淡黑糖焦香，較一般精緻砂糖更健康，天然食材友善環境與身體。外帶杯封膜使用特殊紙模搭配紙吸管，小細節展現店家減塑愛地球的心意。

店家訴求有機、環保的生活態度，傢俱多使用回收或環保素材，清爽明亮的空間點綴淡粉色棉麻織品，綠色植栽搭配木棧板，熱帶南國的慵懶融化在沁涼冷飲中。食糖吧同時結合選物店，販售在地文創商品、以回收素材製作的商品、和東埔寨婦女手工製作的公平交易織品。

外牆的小貓和木椅塗鴉彷彿歐洲街角。

靠枕與植栽營造熱帶南國風情。

有機棕櫚糖比砂糖健康，散發淡淡黑糖焦香。

明亮勻淨，清爽自然的家居氣氛。

Info

add 屏東市林森路44號

time 週一至週五12:00~21:00，週六、日11:30~22:00。

tel 0977-600-057

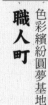

4 屏東

讀寫森林土地之詩
屏東縣立圖書總館

屏東縣立圖書館經過兩年潛沉後重新開幕，陪伴市民走過三十多年的老建築亮麗翻轉，變身森林圖書館，成為屏東市必訪新地標。

圖書總館座落於近5公頃的千禧公園內，五十年老樟樹林層層擁抱，沉穩四方的舊建築刷上輕盈白色新裝，外嵌黑色三角玻璃盒改變入口方向，鏡面帷幕反射蒼翠綠意，虛實相連一片不見盡頭的樹海，走進入口大廳，挑高玻璃帷幕模糊室內外界線，可舒服地坐在沙發區，閱讀一日流光與四季更迭。

新總圖強調適合各年齡層的全民閱讀空間。地面層有友善銀髮族的書報架和座椅，兒童閱覽區使用可爬可躺的原木地板和軟墊，並引進說故事機器人陪伴幼童；二樓有豐富館藏和適合筆電的座位；三樓的純白階梯留給青少年；四樓設置「屏東文學館」，收藏閩、客、原、新住民等各族群的在地文學。此外，新科技讓閱讀更便利，全面採用RFID管理系統，民眾可利用智慧還書架快速還書，更特別的是獨創全國第一座「還書得來速」，24小時免下車皆可還書。

「通透」的設計理念貫穿全館，閱讀座位幾乎都面向森林，隨意揀選張喜歡的椅子，進入一段屬於自己的靜心時間。旅途之中，讓手機和人都充個電再出發吧！

翩然而降的金屬螺旋階梯垂直串連各樓層。

玻璃帷幕反射樹海與時尚建築。

Info

add 屏東市大連路69號
time 09:00-21:00，週一休館。
tel 08-7360330
web www.cultural.pthg.gov.tw/Son/Library

入口大廳的三層樓挑高玻璃引進窗外婆娑樹影。

適合親子共讀的兒童閱讀區。

四樓文學館有三十五年歷史的石板屋。

5

屏東

美菊麵店

一碗魔幻寫實的麵

美菊麵店被網友譽為「全台最美麵店」，取名自老闆鄭宇勝阿嬤的名字，名稱很鄉土，風格卻很獨特。跳脫時下流行的小清新，美菊麵店以鮮豔飽和的紅、綠、黑幾何色塊衝撞視覺，搭配時髦的同色系名家設計椅，播放輕快的爵士樂，如同在前衛的現代藝廊內端出古早味肉燥麵，「呷麵配滷味」的日常小食升級成帶點奇幻色調的五感體驗。

品項簡單，只有乾麵、湯麵和麻醬麵，波浪狀麵條Q彈不粘糊，沾附鹹淡適中的肉燥醬汁，灑上蔥花、放一塊豬肉，以特別訂製的陶碗承裝，說不出了不起的食材名堂，但就是忍不住一口接一口。滷味切得又細又薄，吸飽滷汁芳香又不死鹹，桌桌必點，晚來只怕吃不到。

鵝黃色光澤的鹽水意麵淋上自製肉燥。

LOGO印在籃板上，表現老闆對籃球的熱情。

名家設計的小狗椅充當可愛門神。

墜入色彩的幾何漩渦。

Info

add 屏東市協和東路99號

time 11:00~18:30，週二、週三公休。

FB 美菊

6

屏東

屏東書院（孔廟）

老樹下瀰漫書卷氣

不斷改變的屏東市區內，屏東書院的橘紅色外牆圍出一段停滯的時光。

屏東書院建於清嘉慶20年（一八一五年），當時鳳山知縣吳性誠為了振興地方文教風氣，與歲貢生郭萃、林夢陽籌建，選址於現在屏東中山公園內。日治初期引進新式學校，書院功能廢止並改為孔廟，主祀孔子，配祀孟子、顏子、曾子、思子四大賢人，一九三七年日人推行市區改正，將孔廟原樣拆遷至現址。光復後因欠缺維護而日漸殘破，直到一九七七年縣政府重新修整，雖然成功保留屏東縣內唯一書院建築，格局卻已改成孔廟形制。內部陳設簡單，除了大成殿屋脊有剪黏裝飾，僅有正面斗拱的簡單彩繪，樸素而莊嚴。

書院已改建成孔廟的格局形制。

圓窗古屋停留在往日時光。

內部莊重簡樸。

Info

add 屏東市勝利路38號

time 週二至週日08:00~12:00、13:30~17:30，週一公休。

tel 08-736-1544

7

屏東

一碗豆腐

一吃上癮臭香小屋台

木餐車高掛大紅燈籠，國小退役的桌子搭配板凳，貼著馬路邊擺放，田徑場成群結隊的男孩旋風來去、接小孩路過的媽媽打包外帶、鄰居阿伯悠緩享受台式下午茶，濟南街轉角日日上演屏東風日式屋台文化。

「一碗豆腐」只賣豆腐，臭的、香的、鹹的、甜的…簡單食材在老闆手中七十二變。臭豆腐以純植物發酵的鹵水製作，下鍋油炸前稍稍過水清洗，外酥內嫩，降低臭度，聞臭卻步的人也能嘗試，泡菜特別挑選食物屬性偏寒的大根（白蘿蔔），醃漬薄切搭配薑片，酸酸甜甜、去油解膩；另一款白玉豆腐使用嫩豆腐油炸，輕輕咬下，香酥外皮和水嫩豆腐混合成豆香炸彈，在口腔爆炸；甜食控不能錯過玄玉豆腐，結合台東初鹿牧場的煉乳、炭頂黑芝麻、以及潮州金弘炒香的花生碎，每一口都能感受層次堆疊的風味。

舊城門邊的小攤位散發濃濃日式屋台風情。

豆腐炸的外酥內嫩，搭配爽脆泡菜最對味。

Info

add 屏東市濟南街2-6號
time 14:30~22:00售完為止，週三公休。
tel 0916-199-318
FB 一碗豆腐

8

新北新店

阿猴城東門

田徑場邊的古城歷史

城門上的石匾刻寫「朝陽門」。

Info

place 屏東公園內

兩側城牆皆已拆除，僅留城門記憶歷史。

從中華路進入屏東公園，古樸的東城門靜靜佇立田徑場旁，斜陽之下古今交錯，穿越拱門回望，看著「朝陽門」不禁想像先民出城的情景。

屏東原本是平埔族阿猴社的居住地，稱為「阿猴」或「雅猴」，漢人移居的歷史落後高雄、台南等地好幾年時間，清道光16年（一八三六年），集官民之力，修築東、西、南、北四座城門以防禦盜賊，才劃分出阿猴城的範圍，城高約3.6公尺，城牆使用本地生產的玄武岩卵石堆砌，轉角以烏心磚收邊，中央部分以紅磚砌成拱門。日治時期推行都市計畫，以開發修築道路為由拆除城牆和城門，目前僅留下東門「朝陽門」，見證漢人移遷屏東平原的歷史。

「永勝5號」打開作家張曉風的家，以文學會友。

簷廊下喝茶，享受一盞清涼。

9

屏東

重返眷村好時光

勝利星村創意生活園區

黑瓦白牆院落裡，老樹蓊鬱、花木扶疏，午後日光緩緩，讓遊人不自覺放慢腳步。整齊街廓刻劃日治時期陸軍第三飛行團的生活，推開紅色鐵門，中華民國陸軍高階將領的女眷們似乎還穿著合身旗袍，木窗櫺後笑靨盈盈地談天說笑。

勝利星村創意生活園區的範圍包含崇仁新村和勝利新村，區域內共有69棟落成於一九二八至一九三六年間的房舍，最多曾有十多位將軍居住於此，於二〇〇七年指定為歷史建築而得以完整保存。二〇一八年正式規劃為「勝利星村創意生活園區V.I.P Zone」，「星」象徵「承將軍居住之地之先，啟培養明日之星之後」，整修後的老屋已進駐51個品牌，包含餐飲、服飾織品、手作文創、在地特色選物店、文學書坊、風格花藝、旅宿體驗、及異國（鄉）多元文化等，保留舊時眷村味，注入新生活風格，混血重生，續寫老屋故事。

「愛讀繪本屋」是專為親子打造的閱讀空間。

Info

add 屏東市中山路、青島街路口周圍地區

time 品牌營業時間各異

web vipzone.cultural.pthg.gov.tw

【TIPS】

與勝利星村僅一個路口的距離，蘭州街上有座讓大人小孩都嗨翻天的「勝利動物溜滑梯公園」，彷彿走進巨人國動物園，章魚、鱷魚、毛毛蟲、柴犬等都放大數倍，變身溜滑梯，還有呆萌可愛的恐龍，不但受親子歡迎，也是網美拍照熱點。

紅磚牆上的可愛塗鴉讓老眷村活潑有趣。

巨人國動物溜滑梯模樣討喜，大人小孩都喜歡。

10

屏東

繫。本屋

文字與飲食轉譯族群文化

「繫。本屋」位於勝利星村，曾是陸軍高級將領的住所。

「繫」代表連繫與牽引，主理人徐孝晴和彭巧夫婦因為對土地的愛而返鄉，在遊人、九十年老屋與鄉土間串連一條溫柔堅韌的線，以閱讀和餐飲為媒介傳遞多元族群文化，美好的空間中訴說屏東的歷史與故事。

鵝黃色主屋為獨立書店，選書以地方歷史、人類學、旅遊飲食、環境及性別議題為主，不定期舉辦講座和手作活動，將文化融入生活。天藍色侍屋定義為「不馬虎的咖啡茶屋」，鹹派加入閩南人常用的老菜脯；甜酒釀拿鐵使用眷村媽媽的自製甜酒釀，甘甜清爽；挖出眷村長輩的私房食譜，紹興酒燉牛肉以慢火燉煮兩小時，肉質軟嫩散發迷人的紹興酒香，重現眷村年節味。風土物產為基底，多元族群調味，在細嚼慢嚥間品嚐文化。

紹興酒燉牛肉重現眷村年節味道。

Info

add 屏東市青島街112號

time 10:30~18:30，週一、週二公休。

tel 0908-839-267

FB 繫。本屋

走進老眷村空間，邂逅一本好書。

11

屏東

美菊麵包店

屏東最美麵包藝廊

老公寓的一樓是時尚麵包店。

繼美菊麵店之後，主打麵包的二店仍然承襲老闆阿嬤的名字，清水泥外牆搭配綠色植栽，塗鴉風鏤空鍛鐵充滿童趣，時尚簡約中不忘添點幽默。

走進店內，一半是熱鬧忙碌的開放式廚房，另一半如同優雅靜謐的藝廊，湖水綠燈罩下，長型中島陳列新鮮出爐的麵包，肉桂捲、吐司、法式香蒜、台式麵包、各種口味的貝果和可頌…等，金黃飽滿的外型與高溫烘培的濃郁奶酥香聯手出擊，逼的每個人落入選擇障礙，不知不覺將手中盤子疊成麵包山才收手。整體口味是台式與歐式的優點綜合體，不油膩、不過甜、保留歐式麵包的嚼勁與麥香，不只是好拍的網美店，更是令人願意回訪的實力派。

長型中島陳列新鮮出爐的金黃麵包，每一款都誘人。

Info

add 屏東市公園路66號

time 12:00~19:30，週二、週三公休。

FB 美菊

08

台東｜台東山海鐵馬道

森林與海洋吟唱藝術之歌

迎向太平洋的風，沿著一望無際的蔚藍朝森林前進。
從東海岸野性的自然脈動出發，經過舊鐵道與新藝術碰撞的節奏，
到日式木屋吟唱的清雅小調，屬於台東的山海之歌，是首慢板變奏曲。

text Cindy Lee　**photo** 劉曉天

【關於台東】

認識台東最好的速度是單車，沿著「台東山海鐵馬道」騎行，可串接舊鐵道路廊、鯉魚山、鐵道藝術村、海濱公園、森林公園、卑南大郡水利公園等景點，環繞市區一圈，全長21公里，需要點體力挑戰。若你也是懶人派輕旅行，建議搭乘市區循環巴士前往海濱公園站或森林公園站租腳踏車，直接深入最精華的海洋與森林段，感受後山純淨的大自然魅力，再前往鐵道藝術村和市中心尋覓美食。

Start!

海濱公園大同路口租車 —（單車10分）— ① 台東鐵道藝術村 —（步行1分）— ② 東東市 —（單車1分）— ③ 鯉魚山步道入口

—（單車2分）— ④ 我被月亮曬黑了早午餐 —（單車6分）— ⑤ 寶町藝文中心 —（單車1分）— ⑥ 出出實驗坊

—（單車5分）— ⑦ 廣東路蔥油餅 —（單車7分）— ⑧ 台東森林公園 —（單車25分）— ⑨ 海濱公園

—（單車5分）— 終點：海濱公園大同路口還車

以台東物產釀造的在地風土。

【TIPS】
台東市市中心的民宿或旅館大多有免費腳踏車可借用，若下榻台東新站附近，建議於火車站前搭乘普悠瑪客運市區循環線，於海濱公園站下車後往大同路方向步行2分鐘就有腳踏車出租店，或是於森林公園站下車，公園入口對面即有租車店。

Start!

海濱公園大同路口

在這裡租車吧！

舊月台上雕像以作家朱自清的《背影》為主題。

1

台東

台東鐵道藝術村

音樂創意不停歇

鐵道藝術村原本是擁有八十年歷史的台東火車站，自日治時代以來作為台東對外門戶，二〇〇一年由位於卑南的台東新站取代。退役後的舊火車站留下早期台鐵車站的簡樸風貌，翠綠草皮上，廢棄鐵軌通往時空的不知名遠方，月台旁，鳳凰花、亮黃舊車廂和融入地景的藝術創作連結了歷史、藝術、人文、餐飲與休閒，成為代表台東市的新形象。

傍晚，徒步區的彩繪熱氣球逐漸點亮，寧靜閒緩的藝術車站交棒給「鐵花村」，掀起一陣陣嗨翻台東的節奏音浪。鐵花村是由台東音樂人和藝術工作者共同打造的音樂聚落，包含音樂舞台、鐵花小舖和假日慢市集，每個週三至週日夜晚，原住民高亢清亮的嗓音唱出山海沸騰的豪邁，來自四面八方的年輕創作歌手也有機會站上舞台表現自我。音樂響起前，早點來逛逛鐵花小舖或假日慢市集，帶走原創有聲出版品、獨一無二的手作小物或本地限定小農產品。

藝術村結合音樂表演、餐飲、文創與休閒。

園區內有許多大型藝術創作。

Info

add 台東縣台東市鐵花路369號

time 鐵道藝術村24小時／音樂舞台：週三至週六20:00~22:00、週日20:00~21:30／鐵花小舖：週三至週日17:00~22:00／市集：週五至週日17:00~22:00。

tel 08-9357-095

web www.tiehua.com.tw

2

台東

東東市

今天想買什麼東東

台鐵舊倉庫與候車室改建為臺東公車轉運站與旅遊服務中心，規規矩矩的水泥建築外增設一層純白鏤空金屬網牆，搭配色彩繽紛的馬賽克拼貼樹，變身鐵道藝術村的新地標。

東東市與旅服中心共享空間，以生活風格導向的伴手禮選品店為自己定位，讓旅客看見更多元的台東風土物產：「美美的生活、吃好的食物、愛護土地」。空間內以夢幻白色攤車推薦不同主題，嚴選台東優秀的生產者，從部落媽媽、返鄉青年到移居者，選品範疇從手作工藝、香皂織品到茶葉、果乾、米、辣椒醬和精釀啤酒等，讓你心甘情願荷包消瘦。

集結台東各地有特色的生產者，傳遞東海岸生活風格。

Info

add 台東縣台東市鐵花路371號

time 平日08:30~21:00，假日08:00~21:30。

FB 東東市

嚴選在地小農種植、釀造的商品。

野菜皂原料來自部落採集的天然野菜、野花和野果。

3

台東

鯉魚山步道

無痛登頂小台東

健行步道四通八達，可依地圖選擇路線。

沿途均為和緩階梯步道。

鯉魚山因外型與鯉魚相似而得名，雖說是登山賞景，其實海拔只有75公尺。從宗烈祠旁邊的登山口出發，循著一路向上的階梯慢慢步行，約莫10分鐘路程就能抵達稜線上的鯉尾觀景台，眼前展開三百六十度環景視野，台東市寬敞筆直的街道四方輻射，分別指向蔚藍大海、綠島、都蘭山和中央山脈，被公認為「最輕鬆登山步道」，繞著步道走完一圈，全長也僅有1.7公里。除了登高眺望，山麓有座香火鼎盛的龍鳳佛堂，步道沿線還有紀念碑、防空洞、砲台和碉堡等其他遺跡。

稜線觀景台視野遼闊。

Info

access 台東縣台東鯉魚山忠烈祠

4 台東

暗黑系早午餐
我被月亮曬黑了早午餐

香料雞腿排軟嫩入味，份量有誠意。

藝術村舊鐵道旁的偏僻角落，塗鴉外牆、瞇著眼假寐的月亮LOGO、以及無法窺探的窗戶營造一種尋找夜店的氣氛，推開老房子紗門，室內燈光昏暗，色彩大膽濃郁的手刷牆面點綴繽紛圖騰，隔絕室外的藍天綠地，恍若置身泰國海邊小酒吧、頂著宿醉未醒準備吃早午餐的奇妙錯覺。小店空間不大，供應的早午餐也走異國風，包含德式香腸培根捲、印度香料咖哩雞、義式香煎雞腿排、法國麵包肉醬…等，所有餐點都是老闆夫婦現點現做，誠意十足的味道和份量值得多點耐心等待。

二樓有夜店的氛圍。

舊鐵道旁粉嫩的塗鴉外牆相當醒目。

Info

add 台東縣台東市中華路一段586巷33號
time 09:00~14:00
tel 0955-503-605
FB 我被月亮曬黑了早午餐

5 台東

活化閒置老空間
寶町藝文中心

日治時期的行政長官宿舍規劃為藝文活動空間。

仍保留原屋中浴室及洗手檯空間。

車水馬龍的中山路旁隱藏一處幽靜日式院落，家屋拉門半敞，木窗櫺內曾寫下昔日市長與官員們的生活點滴。這裡是興建於昭和12年（一九三七年）的「台東街長官舍」（街長為日治時期地方行政首長），共有6間日式木造平房，最後一棟完工於一九四一年，之後陸續沿用為台東鎮長、台東市長公館。閒置廢棄多年的建築重新整修，規劃成寶町藝文中心，空間最大的市長宿舍陳列常設展覽，雙拼的丙級宿舍打通隔間，作為小型藝廊和藝文團體活動空間，圍牆內的神秘官邸走進市民生活，邀請旅人駐足，感受微風檐廊的清爽。

Info

add 台東縣台東市中山路182號
time 09:00~12:00，14:00~17:00，週一公休。
tel 08-934-0407

和紙拉門蘊藏濃濃日本味。

⑥ 台東

出出實驗坊

和洋混搭的慵懶居所

出出實驗坊的前身為昭和年代官員宿舍，後來作為台東女中的教職員宿舍，八十多年歷史的老屋整修後再生，店名靈感取自台東境內的4座山，分別為大武山、卑南山、都蘭山和鯉魚山，主理人期許「出出」成為一個被群山包圍、孕育出臺東更多在地文化的園地。

踩踏庭院碎石，走向黑瓦和雨淋板庇蔭的舒適，恍若推開京都院落的木拉門，進入另一個時空。榫接交錯的木樑支撐挑高空間，運用竹編夾泥牆的元素，編織一室自然雅致，原有格局的壁櫥嵌入沙發，自成半開放小包廂。不同於其他復古風咖啡館，出出實驗坊在日式風雅古韻中混搭現代感，莫蘭迪色系絨布沙發、造型各異的設計燈具、歐風餐椅和鎢絲燈泡堆疊奇幻卻不違和的慵懶，讓人只想賴在沙發中軟爛，融化在木窗櫺外的滿園綠意。

Info

add 台東縣台東市四維路一段671號

time 平日12:00~19:00，週六日11:00~19:00，週二公休。

tel 08-935-5116

FB 出出實驗坊

枝葉扶疏的庭院木屋，像宮崎駿動畫中的夢幻童話住所。

靜謐的空間中，只有緩慢日光游移的細語。

部落媽媽自釀的小米酒搭配洛神花，調出後山的滋味。

⑦ 台東

廣東路蔥油餅

巨無霸級金黃香酥

蔥油餅幾乎是同業的1.5倍份量。

最在地的美味總是隱藏在巷弄轉角那間鐵皮屋，廣東路蔥油餅再次驗證了美食獵人們的覓食準則。自製麵團在乾淨的油鍋中半煎半炸，豪邁灑入青蔥或韭菜冬粉，捲餅前刷上特製醬料，單人份量已是巨人國的飽足。一口咬下，餅皮酥脆噴香，內裏濕潤有嚼勁，貪心的點了綜合雙拼，來回遊走於青蔥香和韭菜盒子之間的味覺轉換，更佛心的是加蛋不加價，每一口都有老闆娘不計成本的滿滿誠意！此外，鮮脆的手工魚丸和料多清爽的豬血湯也值得嘗試。

店內掛滿老闆女兒的跆拳道比賽獎牌。

Info

add 台東縣台東市廣東路121號

time 14:00~20:30，週日公休。

tel 0975-693181

巷子內的鐵皮屋小店隱藏在地美味。

8

台東

台東森林公園

愜意騎行，森林微風深呼吸

台東市民很幸福，離市區不遠處就有座佔地廣達兩百八十公頃的後花園，木麻黃防風林深鬱漆黑，又有「黑森林」之稱。森林公園位於卑南溪出海口，豐富的河口海濱濕地生態吸引鳥類棲息，公園內自行車道串連三座湖泊，地下湧泉形成的琵琶湖清澈見底，水草豐沛，無風時平靜如鏡倒映藍天與樹林；活水湖像個長方形大泳池，是適合練習獨木舟和立槳的人工湖，也是舉辦國際鐵人賽的地點；鴛鴦湖原本是沼澤濕地，經過整治後幽靜秀麗。

從馬亨亨大道的入口進入，經花架隧道可輕鬆到達活水湖和琵琶湖，騎行在平緩林蔭道，迎向糅合清新草葉氣息的微風，感受一日台東人的緩慢美好。

春季苦楝花盛開，滿樹粉白似雪。

花架隧道穿越中華大橋下方，連接公園的西北、東南兩區。

長型的琵琶湖幽靜深邃，水清見底。

Info

add 台東縣台東市華泰路300號

time 07:30~19:30

price NT$30

9

台東

海濱公園

蒐集台東地標

從琵琶湖順著海濱公園的路標，穿越出海口吊橋後豁然開闊，瞬間被台東的山脈與海洋三百六十度環抱，晾曬在一片蔚藍下，天氣晴朗時，海上的綠島似乎也觸手可及。

海濱公園沿著太平洋岸延伸，特殊的地景藝術都集中在大同路底。國際地標融合自然地景與公共藝術，主體為藤編的向陽樹，波浪性木編結構頂蓋象徵海岸與山脈生生不息，兩端延伸如樹根的走道則有擁抱大地與人民的意象，白天迎接第一道曙光，傍晚聽濤觀浪，沉浸後山溫柔的餘暉霞光，夜裡的光雕音樂秀又是另一種風景。還有一座大型「TAITUNG」地標和以太平洋為背景的紅色大相框，都是不可錯過的拍照打卡點。

走進國際地標的拱頂下，躲豔陽、吹海風。

擁抱蔚藍的東海岸。

蔚藍海濱公園的白天、夕陽與夜晚各有風情。

Info

add 台東縣台東市大同路底

tel 08-9357-095

單車輕旅
自由自在的一日小旅行

作者 TRAVELER Luxe旅人誌 編輯室
總編輯 郭燕如
執行編輯 陳立炘
封面設計 周慧文
美術設計 周慧文・洪玉玲・徐昱
地圖繪製 高文娟
行銷企劃經理 呂妙君
行銷企劃專員 許立心

生活旅遊事業總經理兼墨刻社長 李淑霞
出版公司 墨刻出版股份有限公司
地址 台北市104民生東路二段141號9樓
電話 886-2-2500-7008
傳真 886-2-2500-7796
E-mail mook_service@hmg.com.tw
網址 travel.mook.com.tw

發行公司 英屬蓋曼群島商家庭傳媒股份有限公司城邦分公司
城邦讀書花園 www.cite.com.tw
劃撥 19863813
戶名 書虫股份有限公司
香港發行所 城邦(香港)出版集團有限公司
地址 香港灣仔駱克道193號東超商業中心1樓
電話 852-2508-6231
傳真 852-2578-9337
製版 藝樺彩色製版股份有限公司
印刷 科樂印刷事業股份有限公司

ISBN 978-986-289-569-6
EISBN 978-986-289-570-2（PDF）
城邦書號KB3055

初版 2021年7月
定價 399元・HK$133

國家圖書館出版品預行編目資料

單車輕旅：自由自在的一日小旅行
TRAVELER Luxe旅人誌編輯室著. -- 初版.
臺北市：墨刻出版股份有限公司出版：英屬蓋曼群島商家庭傳媒股份有限公司城邦分公司發行,
2021.07　240面；　16.8*23公分
ISBN 978-986-289-569-6(平裝)
1.臺灣遊記 2.腳踏車旅行
733.69　110007399